子どもたちの見た
ロシア革命

亡命ロシアの
子どもたちの文集

編訳 大平陽一
新井美智代

松籟社

目次

革命前のロシア帝国領

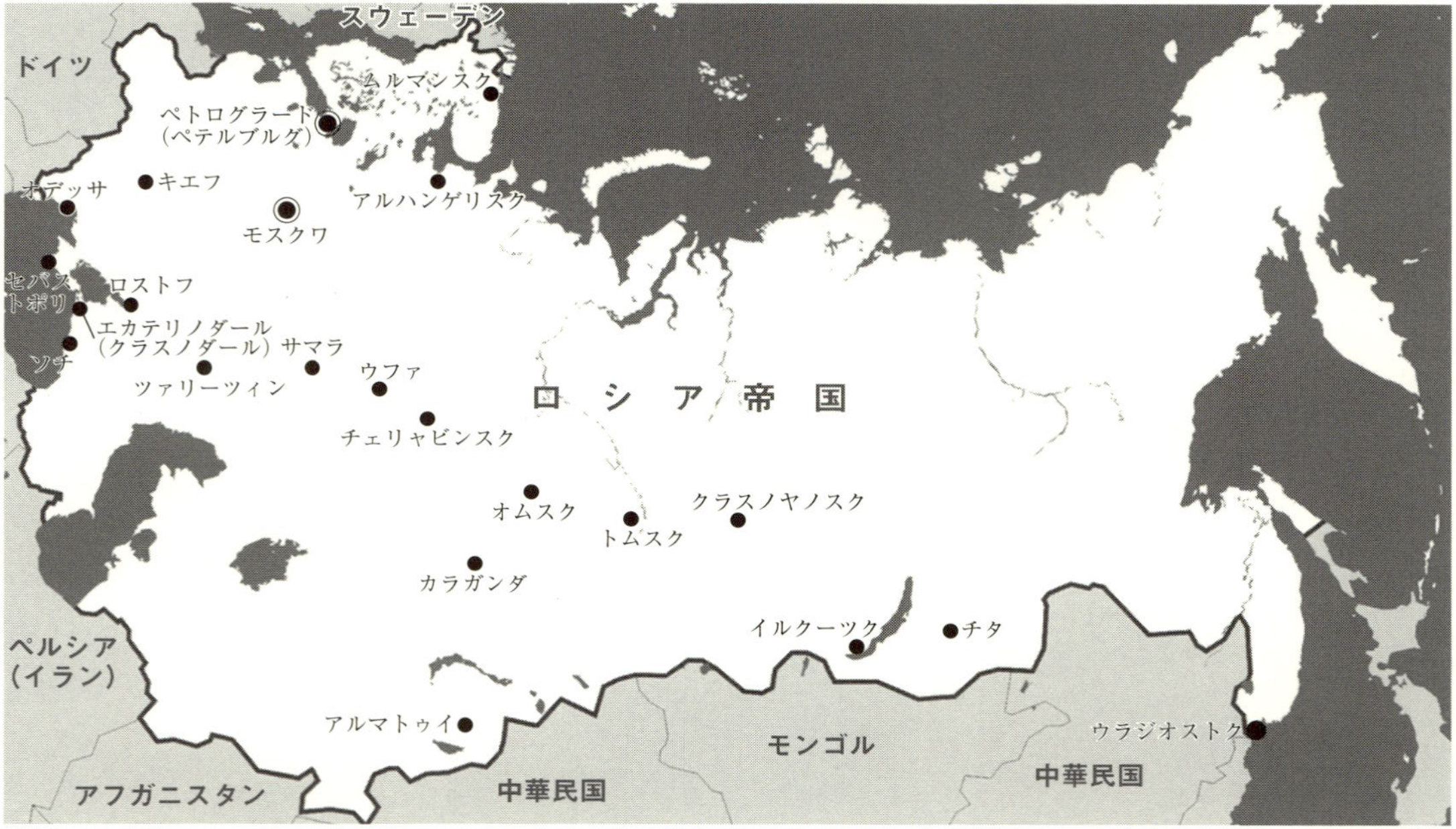

スウェーデン
ドイツ
ムルマンスク
ペトログラード
（ペテルブルグ）
キエフ
オデッサ
アルハンゲリスク
モスクワ
セバストポリ
ロストフ
エカテリノダール
（クラスノダール）
サマラ
ソチ
ツァリーツィン
ウファ
ロシア帝国
チェリャビンスク
オムスク
クラスノヤノスク
トムスク
カラガンダ
イルクーツク
チタ
ペルシア
（イラン）
アルマトゥイ
ウラジオストク
モンゴル
アフガニスタン
中華民国
中華民国

子どもたちの見たロシア革命

——亡命ロシアの子どもたちの文集——

はじめに

もちろん、こんな前書きを読まず、いきなり生徒たちの作文を読んでいただいても構わない。ただ、私たち訳者としては、ロシア革命勃発から亡命地の中等学校に入学するまでの回想が、どうして一九二三年から二四年にかけて二千人以上の生徒によって書かれ、それがいま読めるのかを知っておいてもらいたい。

一、なぜ作文は書かれたのか?

一九二三年十二月十二日、当時のチェコスロバキア共和国、モラビア地方の小さな町モラフスカー・トシェボバーにあったロシア語ギムナジウムで(それは在外ロシア最大の中等教育機関だった)、前校長A・P・ペトロフの提唱によって、二時限を費やし、全生徒に「一九一七年からギムナジウム入学までの私の回想」という題で形式や内容を制限することなく自由に作文を書かせた。

このことを伝え聞いたプラハの《在外ロシア初等・中等教育局》は、この課題作文に関心を抱き、報告書『五百人のロシア人児童の回想』(1)の刊行を待つことなく、翌一九二四年早々に中欧およびトルコにある亡命ロシア人のための中等教育学校を統括している機関や個人に対し、モラフスカー・トシェボバーと同じ条件で子供たちに作文を書かせることを依頼した。その結果、最終的に一九二五年三月までに二千四百三編もの作文がプラハの教育局に集まったのである。作文を書いた生徒の年齢は八歳から二十四歳にまで及んだ。どの学校でも生徒に対していかなる指示も与えなかったというし、署名も強制していない。

二千四百三編の作文は十五校で書かれた。その内訳はトルコが二校、ブルガリアが一校、セルビア人・クロアチア人・スロベニア人王国が十校、チェコスロバキアが二校で、そのうち九校が男女共学、四校が男子校、二校が女子校であった。作文を書いた生徒の内訳は、男子千六百三名、女子七百八十一名、不明十九名。学年別では、予科年少組二十七名、予科年長組七十四名、一年生二百六十三名、二年生二百五十五名、三年生三百十六名、四年生三百十五名、五年生三百二十八名、六年生二百七十一名、七年生三百二十七名、八年生二百十四名、補習クラス十三名となっている。

二、なぜいま作文が読めるのか？

まずトシェボバーのギムナジウムで書かれた約五百編の作文を同校の教師V・M・レビツキーが分析、その分析に添って児童の作文の断章が配列された小冊子『五百人のロシア人児童の回想』が《在外ロシア初等・中等教育局》から一九二四年に刊行された。さらに、プラハにあったロシア語ギムナジウムの教師で、むしろ言語学者として知られるセルゲイ・カルツェフスキーが、一九二四年三月に同校で実施された課題作文のうち五十一編を抄録した二冊目の報告書『ロシア難民児童の回想』(2)を、こちらも《在外ロシア初等・中等教育局》から刊行した。

これら二冊の報告書が絶大なる反響を巻き起こしたがために、既述の通りチェコスロバキア以外の国の中等教育機関で書かれた作文も考察の対象に加え、ジャーナリストで文学研究者のニコライ・ツリコフ、宗教哲学者で心理学者でもあったワシリー・ゼニコフスキー、亡命ロシア社会においても要職を歴任したピョートル・ドルゴルコフ伯爵、そしてドストエフスキー研究者として知られるアリフレド・ベームら、在外ロシアの中心地のひとつであったプラハの指導的知識人たちが亡命の子どもたちを論じた文章を集めた三冊目の本が――今度は小冊子ではなく単行本『亡命の子どもたち――回想』が――翌二五年に教育局から刊行された。この論集も『五百人の児童』と同様、寄稿者の立論に好都合な作文が適宜引用されるという形式をとっているため、生徒の生の声が聞こえないという物足りなさはあるが、格段に情報量がふえている。ただし、巻頭に据えられ、全体のおよそ半分を占め、多くの作文の断章が引用されているツリコフの概説的論考では、前二書で取りあげられた作文の引用が避けられているので、これら三冊に紹介されている作文に重複はない。

その後、在外ロシアの十五の中等教育機関で書かれプラハに集められた作文のうち、コンスタンティノープルの全露都市連盟第一ロシア語ギムナジウムの創設者で、同校のモラフスカー・トシェボバーへの移転を実現させた在外ロシアの教育界のリーダーの一人アデライーダ・ジェクリナが保管していたものが、《プラハ在外ロシア歴史アーカイブ》――一九二三年に謂わば亡命した組織《ロシア地方自治体・都市自治体連盟》によって設立され、四五年まで存続した、戦間期ヨーロッパにおいて最大級の亡命ロシアのアーカイブに寄贈され、長らく保管されていた。しかし、同アーカイブが所蔵していた多くの文書は、ソ連軍によってチェコスロバキアが解放された一九四五年、ソ連アカデミーの創立二百二十周年記念の贈り物という口実でチェコスロバキア内務省から寄贈されることになり、ここに訳出した作文のほとんどは、今もロシア連邦国立文書館に「白色運動と亡命についての歴史文書」の一部として保管されている。ただし、この課題作文は十五の学校で実施されたが、現在モスクワに保管されているのは八校分にすぎない。

三、なぜ作文を翻訳したのか？

先ほど、最初に刊行された二つの小冊子が大きな反響を呼んだと述べたが、これら亡命の子どもたちの回想について、たとえば、『五百人のロシア人児童の回想』に序文を寄せた宗教哲学者のゼニコフスキーは、その記録としての意義を強調している。

読者にご一読いただくのは、類い稀な価値を持った素材であり、正真正銘の「人間のドキュメント」、「我らが暮らしの日々」を忠実に再現した歴史資料である。[……]子どもたちの飾り気のない拙い言葉、彼らの純朴なコメントは、浩瀚な回想録よりも雄弁ではなかろうか？ そこには、我々の時代の嘘偽りのない響きが[……]記録されているのではないのか？ たぶん、それらの回想が子どもたちの書いた素朴で虚飾のない回想なるがゆえにこうも真実味があるからなのだろう、以下に印刷された文書は『児童の回想』というささやかな題名をはるかに凌駕する記録である。(3)

同様に『亡命の子どもたち――回想』に概説的な論考「亡命の子どもたち――亡命ロシアのギムナジウムの生徒たちが『私の回想』という題で書いた二千四百編の作文の概観」を寄稿したジャーナリストのツリコフも、これらの作文を児童心理に関する資料として高く評価する一方で、「これは比類なき歴史資料である」こと、「意図せざるが故に直接伝わってくる生活のリアルさ」を評価する。当然、本書を手に取る読者の関心も、まずはそこにあるのだろう。私たちが彼らの作文を翻訳した第一の動機もそこにある。

しかし、周知の通り歴史資料としての回想録には大きな限界がある。在外ロシアの回想録の大部分が、革命前のロシアで活躍した年長世代の亡命者によってものされており、移住後の歳月よりもはるかに多くの紙幅が一九一七年以前に割かれている。それだけにここに訳出する児童たちの回想記は貴重ではあるのだが、記憶が不正確であったり、全ての時期を網羅していなかったり、時代の証言としては大きな欠点を有している。何より、これら学童たちの作文には、歴史資料というにはあまりにも強いバイアスがかかっていることを忘れてはならないだろう。亡命ロシアのギムナジウムは、言ってみれば愛国教育のための教育機関、しかもその愛情の対象となる祖国が革命前ロシアとされる教育機関であり、革命前のロシアと文化を理想視する大人たちが創設、運営、教育にあたっていた。何の制限も加えない自由作文とは言っても、授業中に課された作文である以上、生徒たちが教師に読まれることを意識しなかったはずがない。

生徒たちの回想にバイアスがかかっていることは、中央集権的なセルビア人・クロアチア人・スロベニア人王国の学校、集団疎開したドン陸軍幼年学校がトルコで改組され成立したエレンキョイ男子英語学校の生徒たちの作文が、どれも似たり寄ったりの内容でバリエーションに乏しい点に見てとることができる。ほとんどが教条主義的で面白みに欠けている。それに対して、マサリク大統領のもとに生まれた民主的なチェコスロバキア共和国に置かれた二つのギムナジウムの作文は、より自由であるように訳者には読めた。だが、そうは言っても、彼ら難民の少年少女たちの経験は、その異常さにもかかわらず似たり寄ったりであったし、自由なチェコにある学校でも、反ボリシェビキ的な愛国教育がなされたことにちがいはなく、生徒たちは教師の世代の誘導ないし強制する歴史観の影響下にあったと考えられる。こうした体験と歴史・政治観の共通性のためか、多くの作文にはフォークロアを連想させるような類型性が見てとれる。フォークロア作品を規定するのが共同体による事前の検閲であるとすれば、亡命の子どもたちが授業中に書いた作文には自己検閲が働いていたのではないのか。

しかし、それにもかかわらず生徒の回想の中には、文学を志向しているものが散見され、訳者たちの目には同一の主題にもとづく変奏のように見える。あるいは、トラウマティックな経験を語る痛みを文学的なものの枠に流し込むことで抑えこもうという、もっとはるかに切実な心理的動機の要請する文学性のように思えてならない。

私たち訳者は、あえてそうした作文を中心にこの小さな本を編んだ。結果的に本書に掲載された作文六十四編のうち、モラフスカー・トシェボバーのギムナジウムで書かれたものが二十六編、プラハで書かれたものが二十編と二校で三分の二をこえた。それらの作文が子どもたちの目を通して伝えられた歴史の証言であると同時に、共通の体験をさまざまに変奏して語る掌編集としても読んでいただけることを訳者たちは願っている。

四、「難民」か「亡命者」か?

「第一波亡命者」と呼ばれるロシア人たちは——いや、正確にはロシア民族だけでなく——革命前までロシア帝国の広大な版図の中で暮らし、余儀なく異国に逃れたあとも「ロシア国民」としてのアイデンティティを出国後も持ちつづけている世代を指す。しかし、一九一七年にロシアを離れた少数の個人や、十月のボリシェビキによる権力掌握直後に主にペテルブルグから出国した人々（こちらの方がもう少し数が多かった）、さらには一九二二年に「哲学者の汽船」で追放された反体制知識人をのぞくと、亡命ロシア人とは革命後の内戦がもたらした難民と見なす方が正確である。

一九一八年末、ウクライナ、ベラルーシ、クリミアから撤退するドイツ軍に付き従うように、亡命者たちの最初の波がロシア国境を越えた。北ロシアにおいても、ニコライ・ユデーニチ将軍の敗退と連合国軍のムルマンスク、アルハンゲリスクからの撤退が引き金になって、フィンランドやポーランド、バルカン諸国に向け難民の大量流出が始まった。一九一九年にアレクサンドル・コルチャーク軍が赤軍の前に崩壊すると、ボルガ流域あるいはシベリアから中国や朝鮮半島、日本へと逃れた難民も少なくなかった。白軍の部隊の幾つかは一九一九年に、フランス艦隊と共にオデッサを出航せざるをえなかったし、翌二〇年十一月、ピョートル・ウランゲリ将軍の義勇兵たちと彼らに付き従っていた家族ら民間人は、クリミアを発ってトルコに向かった。

このように第一波亡命者の大半は、赤軍から敗走して陸路国境を越えたり、船で撤退したりした白軍であった。主要な出国地は、黒海沿岸（クリミア、オデッサ、ノボロシースク、ジョージア）であった。それというのも、クリミア半島の先へと追い詰められた白軍は、海路による撤退を余儀なくされたからである。連合軍の艦隊は、軍事的抵抗を支援する事を拒んだかわりに、オデッサ、セバストポリ、バトゥミから撤退するデニーキン軍、ウランゲリ軍に艦船を提供した。撤退の過程で白軍は装備を失い、傷病兵の状態は悪化した。劣悪な衛生状態と食糧不足のため伝染病が流行し、チフスがいちばんの死因になった。

白軍の将校や兵士の家族をはじめとする非戦闘要員が合流したのは、この段階のことだった。乗船（ないし乗車）しようと先を争う様は、見るに堪えぬ光景だったという。軍艦には民間人を乗せるスペースが足りず、民間船の好意にすがる以外に国外脱出の方途はなかったので事態はさらに悪化した。海難事故で死者が出、国境を越える前に難破する船も少なくなかった。

海路ロシアを脱出した者たちの多くにとって、コンスタンティノープルが最初の避難地になった（当時はもうイスタンブールと呼ばれるようになっていたが、ロシア人たちは相変わらずコンスタンティノープルという地名を使い続けていた）。ただ、亡命ロシア人がトルコに落ち着くことは稀で、避難民のひしめき合うトルコの収容所からは、間もなく立ち退く仕儀に立ち至った。トルコ当局は――とりわけケマル・パシャ政権が再び支配するようになった後は――ギリシャから逃れてくるトルコ人難民で手一杯になり、亡命ロシア人どころではなくなった。そこでロシア人たちは、バルカン半島の他の国々に移ったが、往々にしてそれらの国も西ヨーロッパやアメリカへの移住の中継点となったにすぎなかった。

こうした経緯からは、亡命ロシア人たちが今日におけるシリアやロヒンギャの難民と何ら変わることのない苛酷な経験をしてきたことが推察できる。実際、ボリシェビキ体制下で暮らすことをいさぎよしとせず、赤軍から逃れ祖国を離れたロシア人は難民以外の何者でもなかった。第一波亡命者たちの実態は難民であったからこそ、第二次大戦中や大戦後の国際難民機関に支援を求めたし、援助が与えられた。しかし、それら難民たちは、ほどなくロシアに帰るであろうという難民機関の予想に反して、急ぎ故国に帰還することもなければ、受入国の社会に同化することもなかった。なぜなら彼らは、外国生活は一時的なものに過ぎず、ソビエト政権が長続きするなどあり得ない以上、慌てなくてもそのうちに帰国できるはずだと楽観していたからだ。そんな彼らは「亡命者」と自称することを好んだ。「亡命」とは一時的な状態にすぎず、ただ生き残ることを目指す「難民」という身分以上の状態だと考えていた。大人たちは、自分たちが専制政治との闘争を効果的に進めるため、ロシアから出国した十九世紀から二十世紀初頭にかけての政治亡命者に似た存在だと見なしていた（皮肉なことに、彼らは不倶戴天の敵であるはずのレーニンの顰みに倣っていたと言える）。一九二〇年〜三〇年代の「亡命ロシア人」は自分たちには重大な使命があると――単に肉体的に生き延びるという現実的な課題以上に重要な使命があると固く信じていた。それはボリシェビキの支配する祖国では失われてしまうにちがいない文化を保持すること、真のロシア文化の価値と伝統を守り、祖国のさらなる精神的進歩のために創造的努力を継続していくことであった。

たしかに「亡命者」という語には選良意識が感じられ、使用することに躊躇を覚えなくもない。だが、やせ我慢にも似たこの選良意識が「在外ロシア Russia Abroad」という領土のないもう一つのロシア人社会を成り立たせるという力業を可能にしたのではないか。本書においてあえて旧弊とも言える「亡命者」という用語を使う所以であるし、作文の翻訳に限っては、教師や生徒たちのロシア語へのこだわりをおもんばかって、固有名詞は（たとえば「ジョージア」「ハールキウ」ではなく「グルジア」、「ハリコフ」のように）ロシア語風の表記を採用している。

五、何のためのロシア語学校だったのか？

「在外ロシア」という語は、それが国土のない国であることを含意している。実際、さまざまな国のロシア人コミュニティが密接な関係を結ぶことによって、国境を越えて構築された社会組織が在外ロシアであった。こうしたほとんどバーチャルとも思える国の存在を可能にしていたのが文化であった。亡命ロシア人にとって、文化こそは民族的アイデンティティの――曲がりなりにも教養あるロシア人というアイデンティティの――根幹をなしていた。何がロシア的かについてコンセンサスがあったわけではないが、たしかにロシア的な特質がひとつあるとすれば、その文化がピョートル大帝以前の民衆的要素と西欧・中欧起源の外来要素――ルネッサンス以降に成し遂げられたハイカルチャーの諸要素――が融合したアマルガムのような文化だということだった。在外ロシアを一つにつなぐ、こうしたロシア文化を維持するために大きな役割を果たしたのが、教会、出版社、学術機関、教育機関であり、そうした組織を通じて在外ロシアの生み出した文学・芸術作品、学術的著作が拡散していった。

もう一度くり返せば、亡命ロシア人たちが、あえて故国に戻らず異郷の地にもう一つのロシアを築こうとした目的は自分たちが真のロシア文化だと考えるものを守ることにあったが、その使命感は民族教育と分かちがたく結びついていた。文化を守り続けるという使命は、次世代への伝承を要請する。「学校は私たちにとっていわば故郷の離れ小島だ。もしロシアが遠くに去ってしまったとしても、学校のおかげで私たちは過去から完全に切り離されることはない」(4)という生徒の作文の一節には、在外ロシアと亡命学校のイメージが重なりあっているように思われる。

先にも述べたように、何がロシアの文化と伝統の精髄なのかについて、亡命者たちの間で意見の一致をみていたわけではない。しかし、こうした見解の相違は、近い将来、自由なロシアを再建する時、大きな役割を果たしてくれる有為な若者を育成するという目的の前では大した問題にならなかった。

亡命直後に最優先された課題のひとつが、難民となった子どもたちを心身の両面において正常な状態に戻すケアだった。多くの子どもたちは親や家族を失っており、内戦と逃避行のさなかに非人間的な環境の中で苛酷な体験をくぐり抜けてきていた。在外ロシアで最大の中等教育機関であったモラフスカー・トシェボバーのギムナジウムを例にとれば、生徒の三十%が孤児、四十%は両親と生き別れになっており、両親そろってチェコスロバキア国内にいる子供は全体の二十%に過ぎなかった。そんな両親と一緒に難民生活を送ることのできた青少年たちでさえ、トラウマティックな体験と無縁ではなかった。ロシア難民に対する物的支援が拡大していく中、こうした青少年たちに何が必要かということに大きな関心が払われるようになり、孤児院、幼稚園、学校が在外ロシアの中心地に設立された。これらの緊急措置が一応の成功を収めたことは、たとえば「私は学校を心から愛している。なぜなら学校は私に安らぎの場と教育を与えてくれたし、恐ろしくてつらい過去の場面をぼやけた影の薄いものに変えてくれたから」[5]という生徒の作文にもうかがえる。こうした成功のいちばんの要因は、亡命者の中に、革命前から学校教育や社会教育の分野で積極的な活動をしてきた知識人たちが少なくなかったことにある。在外ロシアで初のロシア語ギムナジウムを設立したジェクリナ——革命前にはキエフに私立女子ギムナジウムを創設、運営していたジェクリナ——、社会教育の分野で活躍し臨時政府において文部副大臣をつとめた女権論者ソフィア・パーニナ女伯爵、そして『亡命の子どもたち——回想』の編者で《在外ロシア初等・中等教育局》の局長だったゼニコフスキーのような人々である。在外ロシアの大人たちは、伝統的なロシア文化を守り、次世代に伝えることを決心した。それは、子どもたちが未来の自由なロシアにおいて建設的な役割を果たせるようにと望みをかけてのことであった。こうした使命感を多くのロシア難民が共有していたが故に、子弟に受入国の教育機関ではなく、亡命ロシア語学校で教育を受けさせることを選んだ。

その一方で、伝統文化の継承という目的と同時に、ボリシェビキ政権崩壊後のロシアに自由な国家を再建するために必要な技能を習得することも、生徒たちには求められたが、経済的な制限などから、在外ロシアに可能な教育プログラムでは、文系の科目——言語、文学、歴史、地理——に集中せざるを得なかった。数学を含む自然科学系の科目は、その本質においてインターナショナルであり、ロシア人としてのアイデンティティを守り伝えるという在外ロシアの教育プログラムの主目的にとってはさし当たり必要なかった。また、ピョートル大帝以降の近代ロシアにおいて、その文化的創造性は主として文学という形式をとってきていた。その多面的な様態の中で、この「文学」という語こそがロシアの文化的アイデンティティを支える大黒柱であり、インテリゲンツィアの意識においてもっとも顕著な要素――ましてや異境に暮らす亡命者のアイデンティティにとってはさらに重要な要素であった。

それ故、中等教育においては文系科目（古典語、ロシア文学、ロシア史）に力点を置いた古典ギムナジウムが、ロシア人ディアスポラに設立される中等教育学校のモデルとなった。亡命者の学校は、初等教育の段階においては読み書き算術をロシア語で教授したが、その先は、昔からあるギムナジウムのカリキュラムが続くのが通例であった。亡命者の人口が多い地域には自然科学を優先的に教授する実科学校も設立されたが、そうした中等教育機関でも、きちんとしたロシア語が書ける高度な言語運用能力を習得し、ロシアの文学、歴史、地理に関する十分な知識を身につけることが最優先された。

ロシア語こそが離ればなれに暮らす亡命ロシア人たちを一つに結びつけていた。そのため在外ロシアの文化生活と創造性は、もっぱら言語的であり、ここに訳出した亡命の子どもたちの作文も例外ではないのである。

六、なぜ文学的な作文を書けたのか？

一読していただければ分かってもらえるだろうが、のちに訳出した作文には、不思議なほど、語りの技術や高度な修辞を駆使した「文学的な」文章が少なくない。リテラシーの高さを誇る日本の高校生や大学生でさえ、これほど文学的な文章をかける者は少ないのではないか？　ましてや、革命前のロシアは、必ずしもリテラシーが高い国ではなかったことが知られているのだから尚更だろう。実際、一八九七年の国勢調査によればロシアの識字率はわずか二十一％であったという。さすがに第一次大戦の直前には四十％まで上がったと推測されているが、それにしても高い数字とは言いがたい。就学率が高くなったおかげなのだろう、子どもの識字率は上昇し、一九二〇年の国勢調査によれば、ヨーロッパ・ロシアに居住する十二歳から十六歳の青少年のうち、男子の七十一％が、女子でも五十二％が識字能力を有していたという。しかし識字能力の有無は、自分の名前が書けるか否かで調査されたというから、それが達意の文章を書けることに直結していたとは考えにくい。結局、在外ロシアのギムナジウムの生徒が高いロシア語能力を習得したのは、文系中心の教育プログラムの賜物であったということになるのだろうが、そもそもギムナジウムに入学するということ自体が、彼らが子弟の教育に熱心な知的環境に恵まれていたか、向学心の強い子どもであったことを物語っている。

革命前のロシアの学校制度において農家の子どもは、国や地方自治会（ゼムストヴォ）や教会が運営する小学校で初等教育を受けたが、さらに上級の学校への進学が前提となっているギムナジウムや陸軍幼年学校のような中等教育機関を志願する中流以上の家庭に育った子どもは、家庭かギムナジウムに併設されていた予科で初等教育を済ませることになっていた。一九一五年の統計によれば、八歳から十一歳までの児童のうち小学校に通っていたのは全体の五十八％に過ぎなかった。さらに細かく見てみると、八歳の児童では就学率が男子で七十二％、女子が四十一％であるが、十一歳になるとそれぞれ六％、二％に下がる。最低限必要な読み書き算術を習得すると学校へ行かなくなったのであろう。

一方、在外ロシアの中等教育機関の生徒は、革命のため中断せざるを得なくなった学業を再開することを親や本人が望んだ者がほとんどであったが、一九一四年のロシアにおいて、ギムナジウム、実科学校、陸軍幼年学校などの中等教育機関に在学していた生徒は、就学年齢の総人口のわずか九％にすぎなかったという。かつてギムナジウムに通っていた生徒、亡命後にギムナジウムで勉強をやり直した生徒は、それだけで知的エリートと呼んでも過言ではない境遇にあった。

そんなギムナジウムがかなりの数、在外ロシアに設立されたのは、革命前のロシアとその社会構成が大きく異なっていたためでもあるのだろう。革命前のロシアで人口の八割を占めていた農民が比較にならぬほど小さな割合を占めるにとどまる一方で、在外ロシアの成人亡命者の教育水準は革命前のロシアよりもはるかに高く、約三分の二が中等教育をきちんと受けていたという。事実上すべての成人が初等教育を修めていたし、大学を卒業している者が全人口の十五％近くいたというのは驚くべき数字といえる。他方、一九一四年のロシアにおいて学位を有している者は約十二万五千人しかいなかった。この頃には大学進学者もふえ、高等教育機関に在学中の学生は十三万六千人いたとはいえ、前年の一九一三年の全人口が約一億七千五百万人だったのだから、在学生を合わせても全人口の〇・一五％にも満たなかったのである。

亡命者の間で当時としては比較的高学歴な者の割合が目立って高い理由は、白色運動の特徴によっても説明できるだろう。白軍に志願した者のほとんどは、革命以前の中流階級ないしアッパーミドルを出自としていたのである。白軍においては将校の比率がひじょうに高く、将校の地位にありながら一兵卒として従軍する者が少なくなかった。平民出身の白軍兵の間ではコサック兵が多数を占めていたが、彼らにしてもロシアの農業人口の中では特権的な階層に属していた。

ただひとつ留意しておかねばならないのは、一九一四年に高等教育機関に在学していた学生の大半が上流階級の出身だったという訳ではないという事実である。大学だと学生の三分の二が、工科専門学校では四分の三が中流以下の出身だった。こうした高等教育の大衆化は亡命社会にも反映されていた。タクシー運転手やナイトクラブのドアマンとして糊口をしのぐかつての貴族という通俗的な映画や小説によって流布した紋切り型のイメージに反して、亡命ロシア人の中でかつて貴族の称号をもっていた者の比率は、革命前のロシアにおける比率よりも低かったという。ただし、最高レベルの知的職業人、大学人、知識人らに加え、経済的に余裕のある都市住民たちが在外ロシアには多かった。これらの集団が、中でも知識人と専門職につく知的職業人が（これは革命前のロシアと同様）在外ロシアにおいても社会・文化活動を主導、牽引し、青少年の教育支援に熱心だったのである。

作文を書いた生徒たちの平均像は、極端な階級社会であった帝政ロシアにおいて比較的恵まれた家庭に生まれ、反ボリシェビキで白軍に共感を抱く大ロシア主義者ということになろうか。生徒の多くは国内戦の舞台となったウクライナからの難民であるにもかかわらず、もっぱらロシア語で読み書きをし、ロシア帝国を支えていたロシア人の子だという自覚をもっていたように見受けられる。

七、構成と凡例

ここに訳出したのは、一九二三年から二四年にかけて書かれた二千を越える作文の中から今日まで残ったごく一部のものから選んだ少数の作文に過ぎない。選択の基準は読んで面白いか否かである。したがって、何よりも読みやすさを優先し、テーマ別に七つの章に分けてみた。拙くとも文学として読めそうな作文を特に選んだが、第一章だけは、後続の六章とはいささか性格を異にしている。革命から内戦、亡命にいたる歴史を説明している作文を五編選び、この翻訳で語られている出来事の背景を読者におさらいしてもらうことを意図した。

一方、第二章以下は、同一主題の変奏が聞き取りやすいように、主題ごとに作文をまとめた。ただし、生徒の課されたテーマが一九一七年から亡命地の学校への入学まで、数年間の回想である以上、当然ながら、二月革命から亡命地での生活までカバーした作文が多いので、どこに力点があるかという訳者の判断には恣意を免れないことをあらかじめお詫びしておかなくてはならない。

ここに翻訳した作文が書かれた学校は、すでに名前を挙げたチェコの二校以外はシュメン全露都市同盟実科学校（ブルガリア）、トルコのプロティィ女子英語学校とエレンキョイ男子英語学校、そしてザグレブ全露都市同盟実科学校（セルビア人・クロアチア人・スロベニア人王国）の三カ国の四校であり、現在その作文のほとんどがモスクワのロシア連邦国立文書館に所蔵されている。[6]

なお、訳文中の丸括弧は生徒自身によるもの（ただし見出しの丸括弧はその限りではない）、角括弧は訳者による補足、亀甲括弧は訳者による注である。

注

（1）V. V. Zen'kovskij, ed., *Vospominanija 500 russkix detej c predisloviem V. V. Zen'kovskogo* (Praga: Pedagagičeskoe bjuro po delam srednej i nizšej russkoj školy za granicej, 1924)

（2）Sergej Karcevskij, ed., *Vospominanija detej-bežencev iz Rossii* (Praga: Pedagagičeskoe bjuro po delam srednej i nizšej russkoj školy za granicej, 1924)

（3）V. V. Zen'kovskij, "Predislovie," in *Vospominanija 500 russkix detej c predisloviem V. V. Zen'kovskogo* (Praga: Pedagagičeskoe bjuro po delam srednej i nizšej russkoj školy za granicej, 1924) 10.

（4）Nikolaj Curikov, Nikolaj. "Deti èmigracii: Obzor 2400 sočnenij učaščixsja v russkix èmigrantskix školax na temu «Moi vospominanija»," in *Deti èmigracii: Vospominanija*, Edited by V. V. Zen'kovskij (Praga: Pedagagičeskoe bjuro po delam srednej i nizšej russkoj školy za granicej, 1925) 5.

（5）Curikov, "Deti èmigracii," 47.

（6）これは《プラハ在外ロシア歴史アーカイブ》に所蔵されていた手稿が、ソ連軍によってプラハが解放された直後の一九四五年六月、ロシア・アカデミーの創設二百二十周年の記念にチェコスロバキア共和国政府によって同アカデミーへの寄贈が決定され、同年十二月にソ連側に引き渡されたためである。言うまでもなく、その陰ではソ連側の圧力があった。寄贈されたのが公文書、私文書だけであったことからも、ソ連当局が亡命ロシア人についての情報を得るために引き渡しを要求したと、非公式に信じられている。実際、作文を保管していたアデライーダ・ジェクリナ女史が、自ら子どもたちの作文を差し出したとは考えにくい。終戦当時、彼女はプラハ、デイヴィツェ地区に亡命ロシアの有力知識人たちが共同出資して建設した《教授アパート》に住まっていたが、解放直後の四十五年五月には、そのアパートからドストエフスキー研究者として知る人ぞ知る存在であるアリフレト・ベームがソ連の防諜機関《スメルシ》（この名称は「スパイに死を」という句を略したもの）によって連行され、その後消息を絶っていた。生粋の教育家であるジェクリナが、亡命ロシアの子どもたちのため《在外ロシア初等・中等教育局》で共に活動し、ゼニコフスキー編『亡命の子どもたち——回想』にも寄稿するなど公私両面において親交のあったベームを連行、おそらくは処刑したソ連当局に、ボリシェビキに批判的な子どもたちの作文を自ら望んで引き渡したはずがない。なお本書に訳出した作文の保管番号は次の通り。プラハのロシア語ギムナジウム（Ｐ５７８５—２—８９、９０、９１）、モラフスカー・トシェボバーのロシア語ギムナジウム（Ｐ

5785—2—92、93、94、95、96)、シュメンの実科学校（P5785—2—86)、トルコの英語学校（P5785—2—87、88)、ザグレブの実科学校（P5785—2—98)。

参考文献

Brooks, Jeffrey. *When Russia Learned to Read: Literacy and Popular Literature, 1861-1917*. Evanston, Illinois: Northwestern University Press, 2003.

Chinyaeva, Elena. *Russians outside Russia: The Èmigré Community in Czechoslovakia, 1918-1938*. München: Oldenbourg, 2001.

Curikov, Nikolaj. "Deti èmigracii: Obzor 2400 sočnenij učaščixsja v russkix èmigrantskix školax na temu «Moi vospiminanija»." in *Deti èmigracii: Vospominanija*. Edited by V. V. Zen'kovskij. Praga: Pedagagičeskoe bjuro po delam srednej i nizšej russkoj školy za granicej, 1925, 9-135.

Dowler, Wayne. *Russia in 1913*, DeKalb, Illinois: Northern Illinois University Press, 2012.

Raeff, Marc. *Russia Abroad: A Cultural History of the Russian Emigration, 1919-1939*. Oxford: Oxford University Press, 1990.

Petruševa, L. I. ed., *Deti russkoj èmigracii: Kniga, kotoruju mečtali i ne smogli izdat' izgnanniki*. Moskva: Terra, 1997.

Zen'kovskij, V. V. "Predislovie." In *Vospominanija 500 russkix detej c predisloviem V. V. Zen'kovskogo*. Praga: Pedagagičeskoe bjuro po delam srednej i nizšej russkoj školy za granicej, 1924.

第一章

革命、内戦、そして亡命

――子どもたち自身の語る歴史的背景

ギムナジウム全景（日付なし、モラフスカー・トシェボバー）
Private collection of Anastazie Kopřivová

この章では、ロシア史の専門家でもない私たちの知ったかぶりの解説よりは、本書に集められた作文の背景をなしている二月革命から十月革命、そして内戦から亡命にいたるロシア、ウクライナの歴史を生徒自身の言葉から読み取っていただきたいと思って五つの作文を選んだ。そのため、この章の作文にだけは、訳者のような、ロシアの歴史にあまり詳しくない読者を念頭に置き、前後に解説的な文章を添えた。中高生レベルの歴史記述、それも彼、彼女たちにとってごく最近の事件についての記述には、おそらく誤りや偏りがあるだろうが、しかし、本書を通読するには十分役に立ってくれるのではないか。それにしても、いっさい自分を語らず歴史の記述に徹する生徒の心理には何があったのだろうか？

◆冒頭の作文は、二月革命から書き起こしている。第二章の作文からも読みとれるが、二月革命は沈滞し切った状況の突破口として、あたかも祝祭のように子どもたちも受けとったらしい。

文中にあらわれる「ドゥーマ」とは一九〇五年の十月詔書により一九〇六年に創設されたロシア初の議会のこと。議員の半分を皇帝が選んだ上院の国家評議会に対し、下院にあたるドゥーマには政府に批判的な者も含まれていた。二月二十八日に出た号外とは、前日に起こった兵士の反乱を伝えるものである。なおロシア革命当時の日付はユリウス暦によるので、グレゴリオ暦（新暦）に換算するには、十三日を加えればよい。

ところで文中に「ペトログラード」という地名が出てくるが、「ペテルブルグ」はドイツ語風の「ブルグ」を使っているため第一次大戦の始まった一九一四年に「ペトログラード」に改称され、二四年まで用いられた。

一九一七年二月二十三日から始まった労働者の大規模なデモ行進は二十五日にはペトログラード全市のゼネストにまで発展したが、二十六日になって軍隊によって鎮圧された。嫌々ながらデモ隊に向けて発砲した連隊の兵たちは翌二十七日の朝に反乱を起こした。反乱した兵士は労働者と合流し、監獄から政治犯を解放したが、その一部がペトログラード労兵代表ソビエト結成のイニシアティブをとった。なお「労兵代表ソビエト」とは、労働者と兵士からなるボリシェビキの権力機関で、「労兵ソビエト」とも言う。

一方、国会はこの日の朝、皇帝の休会命令を受けとって解散することに決めていたが、事態の急変を知り、本会議場の外で非公式会議を開き、ドゥーマ臨時委員会を選出した。三月に入ると臨時委員会が政権を掌握、臨時政府が成立したことによりニコライ二世は退位を余儀なくされた。

そして十月、レーニンらに率いられるボリシェビキが武装蜂起しケレンスキーの臨時政府を倒し、全権を掌握する。

なおシュメンは、ブルガリア北東部の都市である。

（シュメン・ロシア語ギムナジウム八年生男子）

一九一七年がやって来ようとしていた。緊迫感のようなものがあって、春の訪れとともに何か重大な、未曾有《みぞう》のことが起こりそうだと、誰もが感じていた。国会《ドゥーマ》の議員たちの発禁になった演説が手から手に渡っていた。ドゥーマの議員たちの演説を載せていたはずの新聞は、その面だけが白紙になっていた。

一九一七年二月二十八日の夜、少年たちが走って配った号外は、またたく間に売り切れた。ひそひそと、しかし興奮したようすで話す人々がたむろしていた。前の大臣たちが逮捕され、ドゥーマの議員からなる新政府が組織された。警察官はどこかに姿を消してしまって、もう新聞を配る邪魔をすることはなかった。次の日が待ち遠しくてならず、次から次へと新しいものが現れることが待ち受けられていた。

皇帝が退位、弟のミハイル大公へ譲位するとの勅令が出されたが、大公は即位を拒否すると宣言した。労兵ソビエトと臨時政府が成立した。ペトログラード市のドゥーマに代わって臨時委員会が、警察に代わって民警ができた。軍の部隊は隊長を罷免《ひめん》し、自ら選んだ候補者を代わりに立てた。前線に向かった部隊はすべて「民衆のために心を痛めている」部外者の影響下にあった。彼ら部外者は部隊を従わせることができた。ということは部隊を実効支配していた。数え切れないほどのパレード、あらゆる守備部隊、生徒、工員たちのための政治集会が始まった。みな赤いプラカードと旗を持ち、ボタン穴には赤いリボンをつけて広場を目指していた。誰もがうれしそうで興奮していた。老人たちが、こんなことはろくな顚末《てんまつ》になりはしないと警鐘を鳴らしたが、誰も聞く耳を持たなかった。

六月にボリシェビキが政権を奪おうとしたが、〔臨時〕政府はこれを重大視せず、「無血革命」はもはやそれとは別のもの、正反対の何かに変わりつつあった。

そして十月。新政権。「対外戦争をやめろ」。「内戦万歳」。「ブルジョワ野郎《ブルジュイ》」は法の保護の外。インテリの逮捕と士官殺しが始まった。周辺部で現政権に対する最初の武装蜂起が――地元のインテリと各方面から合流した将校たちによる蜂起が――始まるようになる。

今や勇敢な精神で、現権力を不満に思う者たちが住民たちの支持を得て、前へ前へと、ロシアの心臓部、モスクワへと進んでいく……。

◆二つ目の作文は、十月革命後の白色運動に焦点を当てている。二月革命後の臨時政府首相だったケレンスキーは、最高司令官ラーブル・コルニーロフを中心とした右派の主張する将校権限や軍律強化を認めつつも、ソビエト側の意向も無視できず、大衆運動に対する弾圧は慎重に進めようとした。これを不満として起こったコルニーロフの反乱を、ソビエトの力を借りて鎮圧したが、戦争、パン、土地などの問題を解決できず、大衆の支持を失った。

一方、コルニーロフは十月革命直後に南ロシアに逃れ義勇軍〔白軍〕を指揮したが、一九一八年に戦死する。白軍最初の代表者だったコルニーロフに対して、ピョートル・ウランゲリは白軍最後の代表者。一九二〇年四月、四万の兵力を率いてクリミア半島に入ったが、赤軍の攻勢にウランゲリ軍は壊滅。この敗戦により、大量のロシア難民が発生した。この生徒の共感は明らかに白軍の側にあるが、白軍に対する忸怩たる思いも伝わってくる。

なお亡命ロシア人たちは、「革命」ではなく「変革」「クーデター」という意味を込めて「ペレバロート」という言葉を好んで用い、この作文の筆者もその例にもれない。二月の「ペレバロート」の場合には「合法的な変革」というニュアンスが、十月の「ペレバロート」の場合は「軍事クーデター」というニュアンスが込められているように感じられる。

B・チェルナビン（モラフスカー・トシェボバー・ロシア語ギムナジウム八年男子）

一九一七年初頭、ロシアにおいて重大な事件が次から次に起こった挙げ句、誰も予想しなかった革命が勃発した。この革命には偶然性という特徴があった。革命以前のロシアの生活環境は非常に厳しくなっていたので、ロシアの全ての民衆は新政権に改善を、とりわけ農地問題の改善を切望していた。はるか以前より農民たちは皇帝に「代表者」を派遣しており、多数の農民の関心は土地問題に集中していた。それゆえ、「自由、平等、友愛」なる高邁《こうまい》なスローガンを唱える人が権力の座に就いたと知った時、農民たちはついに念願の土地が得られると期待した。自分たちの積年の夢が叶う時が来たのだと、年老いた農民たちが語っていたのを私は覚えている。しかし彼らは、これほど急激に皇帝政権が崩壊した状況の下では、安定した政権の樹立が容易ではないことを考慮に入れていなかった。実際、すぐに政治の舞台に様々な政党が、なかには過激な政党も登場してくる。しかし政府自体が度を失ってしまい、新しい原理を徐々に実現する代わりに、古いものを、僕たちの父親たちがそれによって生き、呼吸していたものを一気に根絶することに決めた。言うまでもなく、新しい基盤を普及させることなしに、古い秩序を性急に破壊した結果は惨憺《さんたん》たるものであった。一連の失政は、腐敗と無政府状態を軍隊のみならず、住民の間にももたらした。ドイツ相手の深刻な戦争が進行中だっただけに、無政府状態のために恐るべき事態が出来《しゅったい》した。そして群衆の激情が行く手にあるもの全てを呑み込もうとする荒海となっていたこの瞬間に、政府は度を失った。全権力がケレンスキーの手に、並はずれた演説家ではあるが、道徳的定見を持たぬ人物の手に渡ったのだ。ケレンスキーは、当意即妙な判断を欠いたその施策によって無政府状態をさらに悪化させ、ドイツによって破滅するという危機がロシアを脅かしていた。

この恐ろしい瞬間に、ある冷静な人物の――L・G・コルニーロフの――声が聞こえた。輝くばかりの名将、ごく普通のコサックの息子、そして熱烈な愛国者である彼は、その権威を感じさせる声を高めて、法秩序と祖国防衛を訴えた。しかし遺憾ながら、多くの人々の理性はケレンスキーの催眠的な言葉に陶酔し、コルニーロフの訴えに応えたのは少数にすぎなかった。しかもコルニーロフに恐怖を覚えたケレンスキーは、手のひらを返したようにコルニーロフは裏切り者だと言いだし、逮捕を命じた。その後、一般住民の間に全ロシア的規模での閉塞感が生まれた。彼らには出口が見えない。彼らの穏やかな生活に様々な政党の政治的ドグマが持ち込まれ、彼らは投票し、叫び、支持することを余儀なくされるが、そのようなことに不慣れなロシア人は落ち着かなくなる。

無政府状態と政党間の泥仕合の結果、十月のペレバロート〔クーデター〕が起き、政権がボリシェビキの手に落ちた。全ロシアは、偉大な理念という赤い背景の前で荒れ狂う俗物的な激情の海と化して、この瞬間を迎えたのであった。

何という矛盾！　自由、平等、友愛という高邁で人道的な理念が、実践において専横、迫害、独裁へと流し込まれたのだ。かつての偉大な巨人ロシアが、数か月で数百の共和国へと瓦解した。周辺地域はどこも解放を求め、憎悪の目でロシアを見る。しかし、何世紀もかけて作り上げられた物質的な従属関係からの解放を、それもわずか数か月の間に、しかも社会全般が無政府状態にあるなか達成することは不可能であることを、みな見落としていた。これら周辺地域にできた組織のどれもが、発足当初より順調ではないことを我々は知っている。

しかしボリシェビキの政権掌握はロシアにとどめの一撃を見舞い、恐ろしい無政府状態へと導いてゆく。ボリシェビキはその第一歩から、それまで破壊を免れていたものを全て根絶しようとする。彼らはロシア民族の聖物すべてを冒瀆《ぼうとく》し、いわゆるブルジョアと手段を選ばず戦ってもよいという お墨付きを無知な民衆に与えた結果、民衆を堕落させる。

迫害と血にまみれた専横のこの時期、ボリシェビキが選んだ途《みち》が破滅的であることに気づいたごく少人数のグループがロシア南部で組織される。ロシアの栄誉の担い手コルニーロフ将軍に率いられた彼らによって、クリミアの惨事まで続くことになるボリシェビキとの戦いの時代が始まった。この軍隊を鼓舞するロシアに対する情熱的な献身と愛、そして無辜《むこ》の血がべたべたこびりついたボリシェビキの手からロシアを解放せんとの偉大な事業が大きなうねりとなり、しだいしだいに多くのロシア人を引き入れてゆく。小さな軍隊が脅威を与える軍隊にまで発展し、クバン地方とドン地方がその基地となって、偉大なロシア、統一されたロシア、不可分のロシアなる理念が、はるか北方へも広がってゆく。

しかし安易な成功に舞い上がった白軍は、自分たちの戦力もわきまえず無謀になり、かえって致命傷を負って士気を阻喪《そそう》させた挙げ句、戦力的に上回る敵軍を前に退却を余儀なくされた。それに義勇軍〔白軍〕の理念自体、農民の心に訴えるものを欠いていた。彼らが求めていたのは、土地問題を何らかの形で解決することだったが、義勇軍の綱領が農民に提示しえたのは、土地に関する曖昧《あいまい》な規定にすぎなかった。軍隊を鼓舞した人々は亡くなり、新たに加わった者の多くは、「祖国」という言葉が何の意味も持たない不道徳漢であった。そしてロシアの最良の赤子《せきし》たちを犠牲にしたロシア解放の企ては、ノボロシースク〔ロシア南部、クラスノダール地方の港湾都市〕の惨劇で幕を閉じた。

義勇軍の生き残りたちはクリミアで立て直しを図り、新しく最高指揮官となった強い意思と旺盛な精力の持ち主ウランゲリ将軍は、前任者たちの事業を引き継ぐことを決意した。義勇軍の敗因を考慮して最初におこなったのが、有名な土地法によって民衆の利益を満足させることであった。しかし農民たちからの信頼はすでに揺らいでいた。彼らはウランゲリ将軍の発言すべてに冷淡であった。そしてクリミア軍に息づいていた健全な国家機構の萌芽は、枯死するさだめにあった。十月から十一月初頭にかけて、ウランゲリ将軍の軍隊は、クリミアの岸を後にすることを余儀なくされた。地元育ちの人々以外もそのほとんどが、軍隊とともに祖国を去る。百隻以上の船舶がボスポラス海峡に錨《いかり》を降ろすことになった。

ロシア人の誇りと生活にとって苛酷な時期が始まる。ロシア人はすべての権利を失う。軍隊はリムノス島〔ギリシャ領の島〕とガリポリ〔トルコの港町〕に連行されてゆく。亡命者たちは世界各国に、ブラジル、セルビア、ブルガリアなどに散り散りになる。だが、ロシア人亡命者の大部分はコンスタンティノープルに残る。生き延びるための苛酷だが、粘り強い闘いが始まる。飢え、物資の欠乏、寒さが酔い覚ましの効能を現し、ロシア人は生来の怠惰を捨てて自らの生存権を必死で守ろうとする。さまざまな組織が生まれ、さまざまな事業が始められる。

ロシア人社会が全エネルギーをふり絞り、全力で亡命者を援助しようとしたことは、ロシア人社会の誇りのために言っておかねばならない。コンスタンティノープルにおけるロシア人社会の最大の関心事は、あまりにも苛酷な状況に置かれた子どもたちの養育と教育の問題だった。その努力の結果生まれたのが、全露都市同盟ギムナジウムであり、そのおかげで何百人もの子どもたちに安らぎの場と中等教育機関で学業を続ける機会が与えられている。

亡命者たちの生活は次第に軌道に乗りつつあり、多くの国の援助のおかげで亡命生活に関する焦眉《しょうび》の問題からその緊急性が薄れつつある。コンスタンティノープルのギムナジウムの教育に関して言えば、他の国々にも中等学校が開設され、その卒業生には高等教育機関で教育を受ける可能性が開かれている。

コンスタンティノープル・ロシア語ギムナジウムは、各種公共機関の奔走とチェコスロバキアの歓待のおかげですばらしい環境に恵まれた。他の教育機関と比べて良い環境にあるここのギムナジウムは、ロシアのために、ロシアと長い時間をかけて形成されたその伝統を熱烈に愛する誠実な人間を何百人も、ロシアのため育成することができるだろう。

◆三つ目は、十月革命後のウクライナの複雑きわまる情勢を述べた作文。

ウクライナでは、二月革命直後にキエフに民族統一戦線としてウクライナ中央ラーダが結成され、事実上のウクライナ自治政府の役割を果たすようになり、ペトログラードの臨時政府と厳しく対立した。「ラーダ」とはウクライナ語で「評議会」を意味し、ロシア語の「ソビエト」にあたる単語ではあるが、社会主義者ではなく民族主義者たちの集まりであり、十月革命後には、ロシアから分離する姿勢を鮮明にしてボリシェビキ政権とも対立した。中央ラーダはウクライナ人民共和国の成立を宣言したが、ソビエト・ロシアはこれを認めず、十二月にはハリコフを首都とするウクライナ・ソビエト共和国を樹立し、翌年一月にはキエフを占領した。これに対し中央ラーダは二月にドイツ・オーストリアと単独講和条約を結び、その結果独墺軍は合わせて七十五万もの軍勢をもってウクライナに進駐し、四月にはウクライナのほぼ全土を奪還した。作文の中にやや唐突にドイツ軍が現れるのはそのためである。

その後、中央ラーダは占領軍と穀物徴発をめぐって対立し、四月にはドイツ軍に後押しされ、自らをヘトマン（ウクライナ・コサックの頭領）と称するスコロパツキー将軍のクーデターによって打倒されてしまう。しかし、ドイツ革命の勃発や西部戦線での敗北により第一次大戦における独墺側の敗戦が決定的になった結果、占領軍が撤退すると、ウクライナは激しい内戦の舞台となった。民族主義者シモン・ペトリューラ主導のディレクトリア軍、アナーキストで農民運動の指導者ネストル・マフノに率いられる農民軍、アントン・デニーキン率いる白軍、ソビエト軍などが入り乱れて戦ったが、一九二〇年にはほぼソビエト権力が確立されることになる。

一九一七年十二月には、ボリシェビキによって「反革命取締非常委員会」（チェーカー）が組織されていたが、内戦期には裁判所の決定なしに逮捕、投獄、処刑を行った。チェーカーは二二年に「国家政治保安局」、二三年に「統合国家政治保安局」へと改組され、五四年に「国家保安委員会」（カーゲーベー）に移行した。

（ザグレブ全露都市同盟実科学校八年、成年男子）

十月革命が始まった時私はハリコフにいた。ケレンスキーを首相とする臨時政府のハリコフにおける唯一の本格的な戦力は、隣の中庭に置かれていた装甲車部隊だった。

深夜一時頃、四発の砲声が鳴り響くと装甲車部隊は戦闘不能になり、ボリシェビキが権力を握った。一九一八年の冬の間ずっと彼らはハリコフで権力の座に居座り続けた。生活は苦しく、寒くて空腹だった。私たちの隣には反革命取締非常委員会《チェーカー》がいた。毎晩通りのそこここで銃声が鳴り響いた。一九一八年の春、ハリコフはドイツ軍によって解放された。一九一八年の夏、私はオーストリアとハンガリーの軍隊に占領されていたエカテリノスラフ（現在のウクライナのドニプロ市）に引っ越した。エカテリノスラフで私は、十八回の爆撃を経験することになった。十四回ほどの政権交代があった。最初に起きたのはペトリューラのクーデターだ。彼はそれを実に素早くやり遂げた。戦闘はゲトマン（ウクライナ語では「ヘトマン」。ここではスコロパツキーをさす）とオーストリアの軍隊の兵舎付近だけで行われた。しかしオーストリア軍が撤退するや否や、エカテリノスラフにとって災難が始まった。街頭では小競り合いが絶えなかった。ペトリューラ派と第八部隊の将校らとの小競り合いのことは良く覚えている。それは一昼夜続き、激しい銃撃戦を伴っていた。その後、当時はまだ弱体だった盗賊マフノの一味が町を襲った（マフノが指導する農民軍の最初の襲撃）。彼はドニエプル橋を占拠し、町を包囲した。マフノの反逆のおかげでペトリューラ軍は大砲を失ったが、その大砲でマフノは町を情け容赦なく砲撃し、町の南の数ブロックが燃えた。占拠した地区でマフノ武装集団は「ブルジョワ野郎《ブルジュイ》」を根絶やしにした。街頭では戦闘が絶えなかった。毎日のように流れ弾に当たる人が出た。そんなことが一週間続き、八日目にエカテリノスラフはザポロージエ・コサック〔ドニエプル川下流域を拠点とするコサック軍〕の銃兵らによって解放された。

一九一九年の一月、ボリシェビキがエカテリノスラフに迫ってきて、四方八方から砲撃を開始した。砲弾が炸裂し、家々が燃え出した。ペトリューラ軍は町を守り切れず、あわてふためいて逃げ出した。ボリシェビキが権力を掌握した。彼らが権力を握っている間、町は実に様々な盗賊団（農民パルチザンなど）に襲われた。突拍子もないことも起きた。ボリシェビキが監獄から釈放した懲役囚たちが町を襲ったのだ。一九一九年の末、エカテリノスラフは短い会戦の後、〔白軍の〕シュクロ将軍指揮下の軍勢に占領された。シュクロがエカテリノスラフにいた期間は短かったが、それでも彼がいた間にも、町はロシア南部に追いつめられていたボリシェビキの部隊（おそらくドィベンコの部隊）に何度か襲撃された。

一九一九年の秋は、エカテリノスラフにとってもっとも恐ろしい秋だった。町をマフノに率いられた反乱軍が奇襲したのだ（マフノ武装集団の二度目の襲撃）。マフノの襲撃は突然で、小規模な警備隊を瞬時に掃討した。略奪と殺戮《さつりく》が始まった。いちばんの犠牲になったのは将校、役人、裁判所職員、そして「ブルジョワ野郎《ブルジュイ》」の家族だ。町がマフノ武装集団の手中にあったのは一週間だった。彼らに取って代わったのは「野蛮人師団」〔「カフカス人騎兵師団」の通称〕だったが、三日のあいだ町を自分たちの好きにさせる、略奪をほしいままにすることを許すという条件付きで、彼らはマフノと戦うことに合意したのだった。三日間、ユダヤ人虐殺《ポグロム》が猛威をふるい、通りにはマフノ武装集団とユダヤ人の死体が転がり、エカチェリニンスキー大通りでは街灯や木に死体が吊り下げられていた。「野蛮人師団」の三日間にわたる占拠が終わる頃、マフノが再び攻撃を開始した（マフノ武装集団の三度目の攻撃）。町を防御するためにギムナジウムの生徒や学生たちも立ち上がったが、持ちこたえたのはたった一晩だった。マフノが権力の座に就くと、丸一ヶ月その座に留まった。町から追い出されていた義勇軍〔白軍〕はドニエプル川右岸に駐留しており、そこからエカテリノスラフを一ヶ月間砲撃し続けていた。町への進入路はすべて封鎖されていたから、食糧の搬入はストップし、町では飢饉《ききん》が始まった。私は唯一手に入れられる食料だったカボチャを一ヶ月間食べ続けた。しかも町には恐ろしい発疹《ほっしん》チフスの流行が始まった。うちのアパートでも二人が発症した。一ヶ月間マフノ武装集団は情け容赦なく略奪を繰り返した。私たちの家族も身に付けていたもの以外はすべて奪われた。一度などお金のない私たちは命で贖《あがな》うしかなくなり、壁際に立たされたが、全くの偶然が私たちを死から救ってくれた。一ヶ月後、町は北から南に突破したスラショーフ将軍によって解放された。将軍がエカテリノスラフにいたのは短期間にすぎず、退却にあたってドニエプル橋を爆破し、町を完全な飢饉に陥れたことで、悪い印象を残した。町は二十日間ほど無政府状態になり、それからボリシェビキがまたやって来ると、そのままずっと居座ることになった。なぜならウランゲリ将軍の進撃もエカテリノスラフには及ぶことがなかったのだから。

私は詐欺のような方法でロシアを脱出した。父がスイス市民の証明書を手に入れたのだ。まず私たちはオデッサ〔ウクライナ南部、黒海に面した港湾都市〕に転居し、次にノボロシースクに移り、そこで汽船を待ちながら寒いバラックで一ヶ月暮らした。とうとうドイツの汽船ブリジット号が到着すると、それに乗ってトリエステに行き、そこからスイスに移動した。スイスから私は、父が職を得たユーゴスラビアにやって来た。

◆次の作文には、ウクライナにおける左翼勢力についての言及が目立つ。ニコライ・ムラビヨフは、一九一八年一月に赤軍がキエフに送った革命遠征軍の総指揮官。ムラビヨフ軍はキエフを占領していた間に、ウクライナ人を無差別に逮捕、わずか二週間で少なくとも二千人のウクライナ人を殺害した。

やがてキエフは、中央ラーダと講和条約を結んでボリシェビキを粉砕したドイツ軍によって占領され、スコロパツキーが傀儡ヘトマンとなった。しかしドイツ軍は連合国に敗れ、ウクライナから撤退した。

中央ラーダの残党たちは「ディレクトリア（指導部）」を組織し、その軍事はペトリューラが握った。ディレクトリア軍はヘトマン軍を破り、キエフに入城し、スコロパツキーはドイツに亡命する。しかしこのディレクトリア政府も北や東からは赤軍、西からはポーランド軍、南東からはデニーキンに率いられた白軍などに囲まれ、国内ではネストル・マフノが率いる農民軍などが反乱を起こし、一九一九年から二〇年のウクライナは無秩序な内乱状態に陥った。

なお文中に登場するテロリストとして有名なマリヤ・ニキフォロワは、内戦期にアナーキストの部隊を組織したが、これは一時期ネストル・マフノの農民軍に組み込まれていた。


Yu・ストゥドニチカ（モラフスカー・トシェボバー・ロシア語ギムナジウム八年男子）

一九一七年、僕は実科学校の二年生だった。それは世界大戦のまっ最中だった。あたり一面に緊張が感じられてはいた。だがそれは首都から伝わってくるだけで、地方はのんびりしたものだった。

突然、革命が勃発した。間髪いれず次々に事件が起こった。ドゥーマ（国会）、そしてボリシェビキ。しかしそれらは北ロシアに姿を見せただけで、地方にすぐやって来たわけではなかった。初めてそれが来た時のことは、僕の記憶の中でムラビヨフとアルマズ号の船員たちの残虐行為と結びついている。だが僕たちの町に最初に姿を現したのは、マリヤ・ニキフォロワに率いられた「アナーキスト」だった。彼らが何度か町で略奪をほしいままにすると反乱が起こり、二度にわたる白昼の戦闘の結果、アナーキストたちは町から追放された。しかし町は〔アナーキストたちによって〕包囲状態にあると宣告された。アナーキストたちの攻撃から町を守るために多くの義勇軍〔白軍〕が動き出した。しばらく包囲が続き、砲撃戦が始まったが、退却途中の〔赤軍の〕ポルパノフの部隊が迫っていた。戦力に差があったため、町は彼らに明け渡された……。

ドイツ軍が攻撃してくるという噂が流れ始めた。実際、彼らは間もなくやってきて、ボリシェビキを粉砕し、町を奪った。占領が始まったのだ。夏、ドイツ人たちはクーデターを行い、中央ラーダにかわって、P・スコロパツキーがゲトマンに選ばれた。しかし彼がゲトマンでいられたのはそう長くはなかった（たしか六ヶ月にすぎなかった）。ドイツ占領軍による混乱がウクライナで始まった。まもなく蜂起が組織的な性格を帯びるようになったが、それを指揮していたのは〔キエフの南南西に位置する〕ベーラヤ・ツェルコフィで〔中央ラーダの残党によって〕組織されたディレクトリア政府だった。この反乱にゲトマンは持ちこたえられなかった。兵力があまりに少なかった上に、ドイツ軍の瓦解が始まっていたからだ——ドイツ人たちにとどめを刺したのは、彼ら自身がロシアに対して使ったのと同じ毒だった。ついにキエフは奪還され、ドイツ軍は出ていった。彼らは、僕たちの町で別のドイツ軍部隊と合流しようと試みたが、短い銃撃戦の末、ディレクトリア軍によって撃退された。

一九一九年。しかし、この頃ディレクトリア政府はボリシェビキの攻勢をしのがねばならなかったが、二月半ばにはボリシェビキが僕たちのところにやってきた。彼らが来る前に地元のアナーキストたちが市内で蜂起したが、この蜂起がボリシェビキによる町の占拠を助ける結果となった。新政権は、最初の指令で住民を威嚇《いかく》することからその活動を始めた。《ЧК《チェーカー》》と銀色の文字の書かれた巨大な赤旗を掲げた反革命取締非常委員会が現れた。銃殺が始まった。

春の訪れと共に反乱の動きが見え出した。ディレクトリア政府側からボリシェビキ側に寝返ってオデッサを奪ったアタマン〔コサックの部隊長〕のグリゴリエフが、こんどはボリシェビキを裏切り、蜂起したのだ。五月にズナメンカ駅から僕らの町に突き進んできて、砲撃戦を伴う数次の襲撃の後、グリゴリエフは市内に乱入した。その直前に僕たちは（二十五キロ離れた）田舎に逃げていたのだが、それにもかかわらず、戦闘や機関銃の発射音さえはっきり聞こえた。

町ではユダヤ人に対する集団虐殺《ポグロム》と共産主義者への暴行が始まった。それは三日のあいだ続き、約三千人が殺された。しかし共産主義者たちはすぐに戻ってきて、グリゴリエフの部隊を町から追い払い、町を奪い返した。ふたたび銃殺が始まった。ボリシェビキは三ヶ月のあいだ凶暴の限りを尽くした。

八月になると義勇軍の圧力のためボリシェビキが町を離れ始めた。

義勇軍が来る前に一万人の農民が町を占領し、共産主義者たちを追い立てた。そして義勇軍が到着した。それから間もない九月初め、グリゴリエフを殺害したマフノが郊外に姿を見せた。人々は、町がマフノによって占領されると思い込んでパニックに陥り、塹壕《ざんごう》を掘った。しかしマフノはそのまま脇を通り過ぎていった。

あの頃、生活はめまぐるしいテンポで進んでいた。闇取引が始まった。物価の下落〔「高騰」の誤りか?〕が続いた。義勇軍はハリコフ、クルスクそしてオリョールを占領した。だが不穏な知らせが届く。ボリシェビキが反撃に転じ、すでにクルスク、オリョール、ハリコフが奪い返されたのだという。町でパニックが始まった。誰もみな持てる限りの品物を持って逃げようと急いだ。十二月、クリスマスの前に、市民政権は町を捨てた。残されたのは、退却に退却を重ねる軍隊だった。

一九二〇年。新年に戦闘が始まり、二週間続いた。一昼夜の砲撃戦——革命を通じて最大の砲撃戦——の後、ついに町はボリシェビキによって三度《みたび》占拠された。

以前の物語がまた始まった。反革命取締非常委員会が現れ、血まみれの仕事を再開した。まるで中国語から借りてきたような名のさまざまな機関のネットワークで町は覆いつくされた。

学校が(もとのままの形で)存続したのはその学年の終わりまでで、それ以降は労働学校に改組された。しかし春の訪れとともに、反ボリシェビキの動きが始まった。義勇軍の残党がクリミアで不都合な連中を一掃して足下を固めると、攻撃を再開するとの噂が流れた。一方、ポーランド人やウクライナ人も進攻を開始し、まもなくキエフを奪取した。しかしボリシェビキの方が強力だったらしい。ブジョーンヌイの騎兵隊がポーランド人たちを掃討する一方、ジュロバ司令官は義勇軍を押し戻し始めた。秋が近づく頃にボリシェビキは、ポーランド軍を追ってワルシャワにまで進撃した。だが一転、突進した時と同じ変わり身の早さで撤退した。ポーランド人がワルシャワの目前で彼らを駆逐し、平和条約が締結されたのだ。それからボリシェビキはクリミアに侵攻し、占領した。

一九二一年。ソビエトという「楽園」での生活が始まる。僕は第五学年を終えたので、いわゆる技術学校（第二段階の、すなわち中等教育の学校）に入学することになった。二年間の学習の後（いや、むしろ「不学習」の後）、総合技術高校に行くことができた。技術学校には一年半いたが（とても良い評点をもらった製図作成のほかは）何も習得できなかった。夏、僕たちは町中に住み、そこで（多くの市民同様）菜園のためのわずかな土地（八分の一ヘクタール）をもらい受け、夏中そこで働いた。

一九二二年。しかし生活がますます苦しくなってきたので、父の故郷であるチェコに移住することに決めた。チェコスロバキア本国帰還委員会の助けで一九二二年のはじめに、僕たちはいったんチェコに行き、そこから親類のいるユーゴスラビアのサラエボに着いた。そこでまず一年半暮らしたあと、家族はノビ・サド市に引っ越したが、僕だけ別にモラフスカー・トシェボバーのギムナジウムに入学した。

◆最後の作文は、革命を機に首都の幼年学校からロシア南部ロストフ州の都市ノボチェルカスクにあったコサックのための陸軍幼年学校に転校した生徒の書いたもの。そのため、コサック軍の動向に詳しい。ただし時系列的に曖昧な点があるので、ノボチェルカスクおよびその近郊でボリシェビキと戦った軍人たちのことを簡単に書きとめておこう。

帝国軍の将校だったカレヂーンは臨時政府を否定しドン地方に帰郷したところ、ドン・コサックのアタマン（隊長）に選ばれボリシェビキと戦ったが、一九一八年二月にノボチェルカスクでピストル自殺をした。

首都でのクーデターに失敗したコルニーロフもノボチェルカスクに拠点を移し、義勇軍を組織したが、一八年四月赤軍との戦闘中に戦死した。

コルニーロフと共に義勇軍を組織したデニーキンは一時優位に立ち、そのことは作文で「最終的にボリシェビキがとどめを食らう」と表現されているが、一九一九年十月赤軍に敗れ、パリに亡命した。

帝国軍参謀本部の少将で、第一次世界大戦中ルーマニアに指令部を置いていたドロズドフスキーは、そこで編成した義勇兵部隊を率いてロシアに戻り、ノボチェルカスクで白軍と合流した。そのことで「ボリシェビキとの一件は終わった」と作文には記されているが、一九一八年十月ドロズドフスキーは脚を負傷し、戦場ではまともな治療を受けられず、一九一九年一月に亡くなった。

ロシア帝国陸軍の少将クラスノフは反ボリシェビキの立場をとり、一九一七年末ドン地方に赴いてコサックらとともにノボチェルカスクを赤軍から奪取した。一九一八年四月末、ドン・コサック軍管区から赤軍兵の分遣隊を撃退し、同年五月ドン・コサック軍の隊長に選ばれた。しかし軍事的援助をしていたドイツが第一次世界大戦で敗北するとドン・コサック軍は苦境に立たされ、クラスノフは退役を余儀なくされた。

一九二〇年一月、ノボチェルカスクは赤軍によって完全に掌握された。

A・トロギリン（モラフスカー・トシェボバー・ロシア語ギムナジウム八年男子）

一九一七年になった。ペトログラードの第一陸軍幼年学校では、学年末を迎えた生徒たちがそれぞれ休暇を過ごすために各地に散っていった。ちょうどその頃革命が始まり、ペトログラードは昂揚した気分にあったのだが、生徒の大部分は南部に――ドン河畔、クバン地方、クリミア半島、カフカス地方に――出かけた。僕も夏休みを過ごすためにドン河畔に行った。父はペトログラードに残ったが、母や兄弟姉妹とともにコサック村で楽しい時を過ごしていた。ペトログラードはとても物騒で、将校への迫害が始まっているので、自分もすぐそちらに行くと、父が書いてよこした。

秋になり、そろそろ新学期が始まるので、ペトログラードに戻らなければならなかった。その後、父から何の連絡もなかったので、僕たちはあえて危険を冒して帰ろうとした。しかしやっと届いた父からの手紙には、ノボチェルカスクにとどまるようにと書いてあった。僕はドン陸軍幼年学校に入れてもらったが、この学校からはとても良い印象を受けた。そこで僕は最良の数年間を過ごした。生徒同士の仲の良さ、楽しげな雰囲気、そして彼らの歌、彼らの習慣がとても気に入った。すぐにみなと親しくなり、僕にとって最良の時間が始まった。いつも劣等生だったペトログラードの幼年学校とはちがって、僕の成績はかなり良かった。

そのようにして冬が来た。気がかりなニュースが届いた。それは、ドン地方が戦闘態勢に入っており、そのためペトログラードとの連絡が途絶えたこと、コルニーロフ将軍が南ロシアへの潜入を企てていること、ペトログラードでは将校への暴行が横行し、私服姿の将校たちが大挙して南ロシアへと逃げ出している、というものだった。ついに内戦が始まり、学校の生徒たちからなるパルチザン部隊が編成された。幼年学校の六、七年生もほとんどが学校をやめて部隊に入った。ギムナジウムや幼年学校の制帽をかぶったパルチザン兵たちが、《雄々しく戦いに赴かん》を歌いながら通りを歩いて行くのをしばしば目にして、僕も一緒に行きたくなった。

とうとう父がペトログラードから到着し、僕たちは大よろこびした。なにしろ丸一年近く会っていなかったのだ。ノボチェルカスクで「動乱時代《スムータ》」が始まり、ボリシェビキが迫っているだとか前線では劣勢だとか噂が飛びかう。そしてある晩のこと、コサック隊長のカレヂーンがピストル自殺したとの悲報が、ノボチェルカスクを駆けめぐった。屋敷のまわりには悲しみにくれたコサックが大勢集まり、思わず誰もがこの先どうなるのだろうと尋ね合っている。新隊長にはボガエフスキーが選ばれる。しかしさほどの時を経ずして、ボリシェビキが今にもノボチェルカスクに踏み込むかもしれないという知らせが届いた。市内はパニックに陥り、町に残りたくない者はみなライフル銃を取りに士官学校に行き、学校の建物から、行軍の準備をしていた郊外に向かった。夕方近くには町は空っぽになり、町外れで静かな射撃音が聞こえ出すと、ノボチェルカスクにゴルボフとコサックたちが入った。誰もが不気味さを覚えつつ何かを待ち受けていた。

翌日、ポッテルコフの率いる正真正銘のボリシェビキが到着し、銃殺が始まった。故郷を捨てようとしなかったコサック軍団の司令官《アタマン》ナザーロフが銃殺され、その死体が駅近くの製粉所の裏に転がっていた。このころ僕たちは市立病院の向かいに住んでいたが、その病院には置き去りにされたパルチザンの負傷兵たちが寝かされていた。朝、彼らは屋外に連れ出された。重傷者は下着姿のまま担架で運び出された。彼らの顔には苦悶の表情が浮かんでいたが、馬車で窪地まで護送され、そこで銃殺された。

一切れのパンのためなら人の命も売り渡す恐怖の時が始まった。人々は野獣のように血に飢え、毎日命が売り渡された。将校が住んでいる場所を教えるかわりに一ルーブルをもらう女や子どもの長い行列ができた。そんなふうにして一年近くが過ぎた。コルニーロフ将軍がクバンで戦死し、その軍勢が撃破されたとの知らせが届き、ますます気が重くなった。

ついにボリシェビキの間に動揺が走った。義勇軍〔白軍〕が迫っているとの噂が届いたのだ。実際まもなくロストフが、つづいてノボチェルカスクが義勇軍の手に落ちた。みな大喜びし、住民は到着した義勇軍を暖かく迎えた。誰もが安堵したが、それも長くは続かなかった。まもなくボリシェビキは町を奪還し、以前の状態がまた始まりその後、最終的にボリシェビキがとどめを食らうまで、このような政権交替が何度かくり返された。

それはこんなふうに起こった。復活祭の初日の早朝だったろうか、僕たちが目を覚ますと、町にはボリシェビキではなくコサックがいた。すぐさまコサックたちは復活祭の卵とケーキで迎え入れられ、食事やお酒を振る舞われた。しかし辛く困難な時期だった。ボリシェビキはまだ近くにいたし、ノボチェルカスクの包囲も考えられた。防衛のための準備が始まった。男も女も子供も働き、誰もが自分のできることをした。男は前哨に行き、子どもたちは弾や武器を運び、女は兵站《へいたん》に食料品を運んだ。正午近くに戦闘が始まった。ボリシェビキは情け容赦なく前進してきた。僕たちは山上から戦闘を眺め、塹壕の上で榴散弾《りゅうさんだん》が爆発したり、コサックたちが次々と戦列から離れていくのを眺めていた。町が奪われるのは避けがたかった。ボリシェビキは、町の一部を爆破することを当てこんで、駅に蒸気機関車を走らせた。後で分かったことだが、駅には彼らによってダイナマイトを積んだ車両が四台とめられていたからだ。しかし爆破を防ぐことができた。我が方も蒸気機関車を相手の機関車めがけて走らせ、その結果どちらも脱線したのだ。もはや敗色が濃厚になった時、突然ボリシェビキの塹壕の背後に装甲車が現れたかと思うと、すぐにボリシェビキたちが逃げ出した。ルーマニアから駆け付けたドロズドフスキーの部隊だった。夕方にはコサックたちが帰宅し、町はドロズドフスキーを拍手喝采で迎えた。完全な戦闘隊形をとった将校たちのすばらしく規律正しい部隊を見ることはどれほど楽しかったことか。ボリシェビキとの一件はこのようにして終わった。

コサック隊長《アタマン》クラスノフが前線で勝利し、彼の支配が始まった。つぎに故人の弟でアタマンのボガエフスキーの支配。陸軍幼年学校が再発足した。元の生徒たちも集まったが、多くの者が欠けていた。あまりに早い死を遂げていたのだ。また何度も負傷した者も、すでに将校に昇進していた者も少なくなかった。授業が再開されたが、それも再び不幸に見舞われるまで、再び前線で総崩れするまでのことだった。ノボチェルカスクを放棄して敗走せざるを得なくなった。逃避行の光景を、その時どれほど多くの不幸な出来事があったかを描くのはつらい。気がつけば、僕たちは山際に陰鬱にたたずむノボロシースクにいた、と書くのはつらい。

ほどなく僕たちはイギリスの汽船に乗ってトルコに亡命し、プリンキポ島〔イスタンブールの沖合にあるビュユカダ島。「プリンキポ」は同島のギリシャ語名に由来する〕に到着した。異国の人々に囲まれているのを感じ、クリミアから相次ぐ悲報が届いた時には、胸が引き裂かれそうになった。そのようにして僕たちは一冬を過ごした。これから自分たちはどうなるのか、どれくらいここにいることになるのか、分からなかった。まもなくクリミアから続々と汽船が到着するようになり、すべてが終わったことを、我が軍が撃破され、撤退したことを知った。まもなく僕たちはコンスタンティノープルに移り、生きるための闘いが始まった。最初のロシア人ギムナジウムができるまで、僕はまずネオンサインの仕事をし、つぎに看板を描いた。自動車の塗装さえした。ギムナジウムに入れてもらえると知った時、どんなに嬉しかったことか。弟もロシア語学校で勉強し始めた。このようにして二年のブランクの後、僕たちの学業は再開された。

第二章

子どもたちの見た革命とボリシェビキ

ギムナジウムの前での集合写真（1920年代末、プラハ・ストラシュニツェ地区）
Private collection of Anastazie Kopřivová

この章にもっとも多くの作文が含まれているのは当然であろう。他の章で取り上げる作文にもあらわれる第一主題ともいうべきモチーフである。

◆最初の作文は革命当時十二才だった少女のものだ。二月革命は実際には少なからぬ流血もあったのだが、何か新しいことが起こるという期待と、民衆の祝祭的雰囲気に歓喜に近い興奮を感じていた様がうかがえる。

（プラハ・ロシア語ギムナジウム五年女子、一九〇五年八月十八日生まれ）

六年前、私は歴史に満ち満ちた古都プラハから遠く離れたところにいた。はるか国境のかなたにあるロシアの北部、自由で誇り高いネバ川の水辺、どんより曇り、霧に包まれた、一見無愛想だが、限りなく愛しいペトログラードに。

ペトログラードは一見無愛想だと私は言ったが、誰であれ、この荘厳な美しさに満ちた都市を初めて訪れた人が、たとえばキエフにならふさわしいかも知れない「愛想のよい」という言葉を連想することなどありそうにない。しかし、ほんの少しでもペトログラードに住んだ人なら、自分でも気づかぬうちに、永遠の霧と短く暗い昼、柔らかく耳に快い訛《なま》りのある洗練された住人たちにも慣れ、全てに慣れてみると何か暖かい感情に満たされると語るのが常なのだ。

その頃、私は十二歳だった。ギムナジウムに在学し、寮で暮らしていた。一九一七年の一月上旬から、私たちの寮にはどこか不穏な雰囲気がただよっていた。上級生たちは何かのビラや新聞を私たち下級生の目に入らぬよう隠しながら、秘密めいた様子でささやき合っていた。校長先生や舎監の先生たちは、心配げな表情を浮かべて、なぜか私たち子どもに以前ほど注意を向けなくなっていた。

二月革命が始まった。あの二十七日の前の日、監督官の不安げな声が応接室を通り過ぎ、私にまで届いた。「いえいえ、そんなうまくは行きませんよ。雰囲気が重苦し過ぎます。災厄は避けられませんわ……」。「あなた、何をおっしゃるの」と校長先生が言う。「垂れ込めている暗雲もいつか通り過ぎるでしょう……」。私をひどく驚かせたのは、監督官の言葉に込められた不安と校長先生のどこか無理に抑えた静かな声だった。

いつも通り授業は終わったが、驚いたことに市電が動いていなかった。

昼食の席で、上級生たちは、秘密めかした意味ありげな目配せを交わしながら、興奮した様子で何かささやき合っていた。夜はいつも通りだったが、朝は……。その朝は私たちのもとにたくさんの新しい情報をもたらし、それまでまるで訳が分からなかったことの全てを説明してくれた。

その朝、ぐっすり眠っていた私は、突然気づいた――誰かが私を起こそうとしている。目をあけると、部屋は薄暗く、ベッドの横に肌着姿のまま素足にスリッパをつっかけただけの友だちが、全身を震わせながら立っていて、こう言った。「ニーナ、起きて。起きて、外で何が起こっているのか見てよ。この恐ろしいうなりだけでも聞いてちょうだい。私には何が起こっているかさっぱり分からない。私こわい……」。そう言うと彼女は、ほとんど泣きそうになりながら、私のベッドに腰を落とした。私は少し身を起こして耳を澄ました。実際、はっきりは聞こえないが、何かうなるような、時に恐ろしげに聞こえる音が外から伝わってきた。その刹那《せつな》、前日聞こえてきた監督官の奇妙な言葉が浮かんだ。「災厄は避けられません」。素早くベッドから飛び降り、窓に近づいた。ペトログラードの灰色の朝霧のなか、私の目に飛び込んで来たのは行進する大群衆だった。揺れ動く海のように進んで行く、怒りと力と威厳と自由に満ちた群衆。力強い歓喜の叫びが私の耳にも届いた。「自由万歳！　奴隷の鎖を引きちぎれ」。

名状しがたい興奮が私をとらえた。突然、自分でもまったく思いがけないことに、この揺れ動く海に合流したいという抑えがたい欲求が湧き上がってきた。「私たちも行こうよ」。急いで着替えながら友だちに言った。コートを羽織ると、ドアに突進。この瞬間、私ははっきり認識していたわけではないが、何か偉大なことが、あの時の私にはなぜか明るく素晴らしいと思われた何かが成し遂げられたのだということを理解していた。

◆次の作文も、先のものと同じ年頃の革命当時十一才だった少女が書いた。彼女はヤロスラブリの私立女子ギムナジウムに自宅から通っていた。二月革命が近づき、校長先生や家族など、大人たちの不安は伝わっているものの、皇帝ニコライ二世の退位を知ると、ロシア人の幸福のために偉大な事業が成し遂げられたという多幸感にひたり、小さな赤旗を作るという軽はずみなことをしてしまう。それを保守的な校長にたしなめられると泣き出すような、まだ幼い少女だったのだ。

（プラハ・ロシア語ギムナジウム五年女子、一九〇五年九月十日生まれ）

ロシアの全国民の暮らしに大きな改革が成し遂げられた時、私は十一歳だった。ギムナジウムでお祈りの後、校長のオリガ・ニコラエブナ・コルスンスカヤ先生が、何が起こっているのかを説明してくださったのを覚えている。先生は不安そうに話し、その不安が私たちにも伝わってきた。私たちの大部分にとって、この時起こったことは思いがけないことだったが、誰にとってもそうだったわけではない。家で私はママとおじさんの心配そうな顔や、興奮気味の会話や議論に気づくことがよくあった。モスクワから手紙をよこしたお爺さんが、ひどく心配していたことを覚えている。私たち子どもは何も聞かされていなかったが、姉さんも私も弟も、何か大変なことが起こりそうだという察しはついていたので、不安を覚えながら大人の会話に耳を澄ませていた。姉さんはママに内緒で新聞を手に入れてくると、私と二人、そこにある恐ろしい秘密を——大人たちを不安にし、私たち子どもの好奇心をこんなにも強く引きつける秘密めいたものを——見つけ出そうとした。

姉さんは私より四歳年上で六年生だった。姉さんは明らかに、その時何が起こりつつあるか、いくらか分かっていたようだが、私はまだ小さすぎると考えたのだろう、知っていることを全部は話してくれなかった。私に向かって言ったのは、怖がることは何もない、いま起ころうとしていることは偉大な事業であり、ロシアの人びとの幸福のためには避けられない、ということだけだった。実際まだ子どもだった私は、相変わらず不安を覚え、その不安を抑えようとする一方で、恐ろしい出来事を待ち受けてもいた。そして実際にそれが起きた。ニコライ二世皇帝陛下がご自身と皇太子殿下のために退位なさった、と校長先生が私たちに話している。私たちはロシア国民のために祈り、これらの大変な出来事が平穏無事な結末を迎えるよう願わなくてはならない、と先生が話している。

私たち下級生は話を聞きながら喜んでいた。振り返ると、姉さんが泣いているのにびっくりした。「どうして、姉さんは泣いているのだろう？」と私は思った。「だって、姉さん自身このことを望んでいたわけだし、最近はほとんどこのことばかり友だちのミーナ・シュテイマンと話していたのに」。自分たちの望んでいたことが成就された時に泣いているという上級生たちの奇妙な行動について、私は考えをめぐらせながら友だちといっしょに教室に向かった。私たちはバラ色の吸い取り紙を引きちぎって小さな旗を作ると、それで教室を飾った。革命後に続いたあの惨禍を予感することもなく、私たちはよろこびに有頂天だった。自分たちの愚かで脳天気な振る舞いで、自分がまだどれほど子どもだったかを証明したのだ。

校長先生が入ってきた。私たちの赤い小旗を見た時の悲しみの浮かんだ先生の顔を、私は決して忘れないだろう。先生は私たちに言った。「みなさん、どうしてこんな事ができるのですか？ あなた方が起こったことの、そしていま起こりつつあることの百分の一も分かっていないからです。いくら小さいからといっても、軽はずみに何の理由もなくよろこんでは絶対にいけません。あなた方は、皇太子殿下のことを、あなた方と同じ年頃の病気の少年のことを、彼がどれほど辛い思いをしているか、父親と自分のことでどれほど苦しんでいるかを、少しも考えなかったのですか？ あれほど病弱で感じやすい少年が、家族が辱められることを目の当たりにして、これから気楽に生きていけますか？ あなた方は、その振る舞いでもって、自分たちが子どもだというだけでなく、意地悪で良くない子だということを証明したのですよ。さあ、皇帝のご家族のために、彼らにこの出来事を耐え忍ぶ勇気があるようにと、いっしょに祈りましょう」。

私たちは泣きながら祈った。陽気な気分は霧散した。以前の心配と恐怖にとらえられた私は、帰宅し、ママが泣いているのを見つけると、叫び声を上げて飛びついた。「ママ、なぜこんな事が起こったの？ 何のためなの？ これからみんなに何が起こるの？」。

◆生徒たちの作文の中には文学的な表現が用いられているものがあり、次の作文もそのひとつだ。おそらくまずはペトログラードからハリコフに移り住んだと思われ、両都市の様子が描写されているが、それはすべて本人が実際に見たのか、伝聞と想像による虚構が含まれているのかは明らかでない。しかし反革命取締非常委員会による残虐行為の記述は生々しく、このような場面を見たのだとしたら痛ましいほどである。ハリコフからは鉄道で南に移動し、クリミア半島から船でトルコに向かったと思われ、最終的にはチェコスロバキアにたどり着いている。

N・ルーディ（モラフスカー・トシェボバー・ロシア語ギムナジウム八年男子）

ペトログラード。いかめしい灰色の高層建築が相も変わらずその美しさを誇示するかのように、なつかしいネバ川の両岸にたっている。虚空を白い雪片が静かに舞っている。雪は何も知らず、何も理解しない。ゆっくりと夜の帳《とばり》がおりてきて、ロシアの人々がきびすを接するようにして歩いて行く……どこに向かっているのか分からぬまま、何のために歩いて行くのかを自問することもなしに。昨日あったことは分かっている。では、明日になって何が起こるかは？　明日は暗く、未来は闇の中で、右も左も分からない……。銃弾が飛び交い、巨人のような古都の上空に赤い旗が翻っている。あちらの方、なつかしいアニチコフ宮殿のそばの橋の上で誰かが何かを叫んでいる。何かの出来事を誰かが嘲り笑っている。何も分からぬまま、人々は新たな幸福を求め、先を争って走って行く。古いものには飽き飽きだ。古いものなどもう要らぬ。新しい世界が欲しい！　古いマントを脱ぎすて、赤いコートを羽織り、王冠に代わる赤い星。何かが起きるのだろうか？

人々は何が起こったのか理解していなかったが、覚えてはいた。黒い蛇がニコライ鉄道〔モスクワ・サンクトペテルブルク鉄道〕を疾走して行き、どこか後ろの方で不安をかき立てるかすかな音がする……。市街地で銃声！　互いに理解し合うこともなしに、各々が徒党を組んでいる。誰もが自分なりの願望をもち、それぞれが勝者にならんとし、みなが武器をたずさえ決起した。ハリコフ市にはすでにドイツ軍がいる。そのヘルメットが明るい日の光を受けて勝ち誇るかのように輝き出した……。何がよろこばしいといって、いとも簡単に何の妨害もなくロシアの心臓部、小ロシア〔ウクライナ〕に入れたのだから！

一方、田舎には赤軍の少年兵たちが入り込み、父祖の遺訓を忘れ、聖なるものをすべて新しいものに変えてしまった。向こう見ずな若い頭に血が上って熱中する。おばあさんたちは泣いていた……。ロシアの老人たちは、自分の息子たちの意志を見て白髪頭を抱えた。百姓家から聖像画が持ち出された……。彼らはいっさい何も信じていなかった！　寺院の入り口に死体が並べられ、あらゆるものが売り払われた。黄金の子牛〔偶像を意味するがここでは金品のこと〕を崇め、金品に奉仕した。何も分かろうとしなかった。自分たちの町を血の海にした。ハリコフの町を苛《さいな》んだ。白昼殺戮が行われ、夜の黒い帳に隠れて埋葬された。大地だけがすべての人を受け入れてくれる！　純粋高潔な若者たちが大地の懐に去り、そこでは故郷の偉大な赤子《せきし》たちの老いた心が安堵し、母親たちの心が涙にくれるのをやめるのだった。彼らの魂は神の玉座に向かって去っていった。そこで神がすべての人を裁く！

赤軍と入れ替わりに白軍が到来し、町は彼らを花束で迎え、人々は白く装った。夏の太陽でさえ以前よりも明るく輝いているかのようだった。七月十一日だった。赤軍の少年兵たちはおびえて星のついた帽子を脱ぎすて、どこかに逃げ去った。ある者は「万歳」と叫び、ある者は泣いていた。疾走する馬の蹄《ひづめ》は火花を散らし、向こう見ずな若者たちが武器を捨て、墓地に身を隠し、逃げていた。過去の所業が明らかになった。死臭が町中に広がっていた。白軍が来て、おぞましい行為が白日の下にさらされた。反革命取締非常委員会《チェーカー》——すべてが侮辱された場所、有罪の者も無罪の者も連行された場所だ。そこではあらゆるものが挫折の憂き目を見、あらゆるものに唾が吐きかけられた。戸口には人間の皮膚で作られた手袋がぶら下げられ、長い旗竿の先端、赤旗の上には頭蓋骨が突き刺してあった。正義を貫こうとしたがゆえに処刑された人の頭は、鉄亜鈴ひとつひとつの重さを知っていた〔鉄亜鈴を使って拷問されたか?〕。瀕死の床に横たわり、最後に残った言葉が冷たい地下室の壁に刻み込まれた。「主よ、許したまえ」……

その後ふたたび新手の赤軍の少年兵たちが、自分たちの「新しいもの」を携えてきて、古いものと、崇高なものと戦った。そしてまた黒い蛇が身をくねらせながら勝ち進み、人々は南方へと逃げ去った。その人たちには、どこに行くべきなのかも、これから何が起こるのかも分からなかった。これらの病んだ心を、大切なものへの愛を秘めたこれらの魂を、だれがその屋根の下に受け入れてくれるだろう!? だが彼らの避難場所があった。クリミアだ。

しかし再び赤い風が立ち、どこに、何のために行くのかもわからずに、ロシアの船が次々に黒い帯のようになって出航していった。異国の友人たちが優しい太陽のように彼らを暖めてくれ、順風が吹き、すべてがどこかに運ばれてゆく……。かつて彼らが出会ったのは敵だったが、今では客好きのトルコ人だ。彼らは、疼《うず》き出した傷が癒えるだけの少しの時間と雨露をしのぐ場所を与え、暖めてくれた。

一年が過ぎ、ロシア人の魂は力を振り絞り、古い遺訓を思い出した。「知無きところに道無し」。若者たちは強くならねばならず、彼らのためできる限りのことがなされた。しかしこれは彼らの最後の波止場ではない。さらに先に彼らは進んだ。

そして、スラブの魂だけが、病んだ姉に両腕を広げ、彼女の深い傷を癒し、彼女を守ってくれるにちがいない。

◆次の作文を書いた少女は革命当時七才でごく幼かったためか、革命自体についての記述はほとんどなく、長らく不在だった父親が帰ってきたときの様子と、恐ろしい思いをした銃撃戦の夜のことだけが細かく描写されている。

（プラハ・ロシア語ギムナジウム四年女子、一九一〇年二月一日生まれ）

革命が宣言されてから一ヶ月ほど経ちました。パパは軍務についていました。すべての連隊が解体されたと知って、わたしたちは首を長くしてパパの帰りを待っていました。そのようにして二週間ほどたっても、パパは相変わらず帰ってきません。町ではボリシェビキたちの新しい党が結成されるという噂が流れていました。ボリシェビキたちが軍人に対してどんな制裁を加えたかが話されていました。そんなニュースの一つ一つがママを心配させ、不安にしました。そしてとうとうパパが帰ってきました。この夜のことは何よりもあざやかにわたしの記憶に刻み込まれています。

夜の八時ごろでした。わたしたちは夕食をすませ、後かたづけをしたあと、暖炉のそばにすわっていました。ママはレースを編み、わたしは両手でほおづえをつきながら、ママの手のなかで編み針がすばやく見えかくれするようすを眺めていました。ピアノのおさらいをしなさい、とママが言いました。わたしはいやいや立ちあがると、のろのろと楽譜を取りだし、グランドピアノのふたをあけて弾きはじめました。そんなふうに十分ほどが過ぎました。ママは立ちあがって台所に行きました。この夜、時間はゆっくりゆっくりと流れていました。誰かが呼び鈴をならすのが聞こえたような気がしました。聞き耳をたてていると、もう一度呼び鈴がなります。わたしは立ち上がって、玄関に向いました。「どなたですか?」とわたしはたずねました。返事はありません。細くドアをあけた時、思わずよろこびの叫びが出ました。わたしは一目散に台所のママのところに飛んでいきました。「パパよ! パパだよ!」と大声で言うと、Uターンしてまっしぐらに戻りました。パパはもう玄関に入っており、コートも脱いでいます。「パパ!」。そう一声叫んで、わたしはパパの首に抱きつきました。

この夜のわが家は幸せとよろこびにあふれていました。ずっと長い間パパといっしょに暖炉のそばにすわっていたことを今も覚えています。この夜、パパはどれほどたくさん面白い話を聞かせてくれたことでしょう。時は静かに、おだやかに流れていきました。降誕祭〔旧暦十二月二十五日、新暦一月七日〕、そして元旦が過ぎました。神現祭〔旧暦一月六日、新暦十九日〕のあと、突然、おそろしい噂が流れ出しました。ボリシェビキたちが町に近づいていたのです。

わたしたちの町にボリシェビキが来た時のことは覚えていません。覚えているのは、三～四ヶ月後にポーランド人たちが迫ってきたことだけです。町は包囲され、家一軒一軒にパトロール隊が置かれました。真夜中の二時から銃撃戦が始まりました。うちのアパートのある通りの裏には、大きな野原があって、そこには大砲がすえられていました。アパートの住人はみな地下室に逃げこみましたが、パパはそれを許しませんでした。上に残っていたのはわたしたちだけです。わたしはこわくて、恐ろしかったです。弾《たま》がエンドウ豆のように屋根にふりかかりました。長いこと撃ち合いが続きました。明け方の三時頃に、最初の砲撃がとどろきました。その後、もっとひどい撃ち合いを見たり聞いたりしたのですが、あの感覚は決して忘れません。あの時からすでに六年がたちましたが、あの夜のことをわたしは忘れることができません。

◆市街戦は恐ろしいに違いないが、十才に満たない少年には好奇心をそそられるものらしい。モスクワの自宅の屋根裏部屋からそれを眺めていた彼は身近な人間の悲惨な死を目撃してしまい、哀れみという感情を知る。それはあまりにも痛ましいイニシエーションだろう。

（プラハ・ロシア語ギムナジウム五年男子、一九〇八年十二月二十日生まれ）

その頃ぼくは九歳だった。僕の子ども時代は静かで幸せだった。モスクワ郊外の別荘で暮らしており、近いうちに自分が市街戦や流血沙汰の証人になることなど、一度も考えたことはなかった。一九一七年の十月だった。臨時政府が倒れるという噂が流れ、間もなくその噂が本当になった。僕たちは革命の始まる数か月前にモスクワに引っ越していた。革命が勃発した。一週間、外に出ることができなかった。窓から外を眺めることも禁止されていた。こわかったが、同時に一度でいいから市街戦を見たくてしょうがなかった。とうとう下からは目につきにくい屋根裏部屋の小窓を監視所に選んだ。僕は一週間のあいだ、ほとんどまる一日中屋根裏で過ごした。最初は戦闘を見ても恐怖と好奇心しか感じなかった。ある時、こんな場面を目の当たりにした。その日はうちの前で一分たりとも銃撃が途絶えることがなかったというのに、うちの屋敷番が通りに出てしまった。突然彼は倒れた。ほとばしる血が屋敷番の顔を流れた。流れ弾が頭に当たったのだ。この時、恐怖と好奇心に第三の感情が加わった。哀れみだ。それまで戦闘を観察していて、兵隊が倒れて二度と起き上がらないのを見た時も、その誰に対しても、屋敷番の死が僕の中に呼び起こした哀れみの十分の一も感じたことがなかった。僕は窓辺から離れ、その日はもう二度と戻らなかった。もう二度と屋根裏部屋に行くまいと決心した。その時も自分の命が惜しくて恐ろしいとは思わなかったが（弾《たま》の音にはすぐに慣れた）、誰か罪のない部外者の死をまた見るのが恐かった。だが翌日になってみると、完全には満たされていなかった好奇心が他のどんな感情よりも強いことが分かった。身内の警告など気にもとめず、再び「観察」に向かった。しかし、ありがたいことに、屋敷番の死のようなことは、それ以上見ないですんだ。

やっとのことで、多少なりとも落ち着きが取り戻された時、僕たち、つまりパパと姉と僕は、「合戦」の後のモスクワを見に出かけた。僕たちが目の当たりにしたものに、楽しいものはほとんど無かった。教会の多くは、ほとんど篩《ふるい》のようなありさまだった。赤の広場は所々が文字通り赤くなっていた。クレムリンに通じる門の多くは壊れていた。タイニツカヤ塔は上半分が吹っ飛んでいた。破損箇所を全て数え上げることなどとてもできたものではない。

モスクワは一週間で一変していた。当然ながら、この一週間は僕の内面世界にも大きな影響を残した。物の見方、考え方が変わってしまったのだ。

◆オジェーデーモルビリは実科学校に通っていたというから貴族ではないが、一定レベル以上の恵まれた生活をしていたはずだ。しかし革命の勃発により家を出て軍隊に入る。前線での生活はやさしかった自分の心を「石のように硬く冷酷に」してしまい、そのために父親の死すら耐えられたと自分では言う。しかし自分自身も他者に死をもたらしたという告白は、彼の心の痛みを垣間見せてはいないだろうか。ギムナジウムで作文を書いている今、失われた過去を取りもどそうとする姿勢が救いとなっている。

エブゲニー・オジェーデーモルビリ（モラフスカー・トシェボバー・ロシア語ギムナジウム八年男子）

僕の静かで平和な暮らしは一九一七年二月二日、ロシア革命に破壊された。このころ僕は両親の庇護のもとで成長していたので、自分の育った環境にあまりにも無関心だった。だが革命が勃発すると、学校に通っている通っていないにかかわらず、大半の若者がそうであったように、僕も当初は新しい政治的思潮に流された。しかしこの思潮が実行に移されて繰り広げられていくにつれ、徐々にその汚らわしい面を見せるようになってきた。ロシア革命、社会主義そして共産主義について民衆たちは僕とは異なる解釈をし、闘争という形でインテリ層に立ち向かった。逮捕、拷問、銃殺、強奪が始まり、それらは僕におぞましい印象を残した。ブルジョアや将校たちに加えられた迫害は、うちの家族にも襲いかかって来た。それは僕の人生でもっとも恐ろしい時期であり、家族全員が逮捕され、釈放され、再び逮捕され、床が血の海になり壁には銃痕のある、暗く汚らしい倉庫を引きずり回された。両親はこういった出来事にひどくショックを受けた。僕はその年、つまり一九一八年に卒業するはずだった実科学校を中退せざるを得なかった……。家族に危険が差し迫っていたため、退学すると故郷の町を出なければならなかった。この時から僕には、ほとんど自立した新生活が——新生活と言っても憂いに満ちた暮らしが始まった。僕は反乱軍に加わったが、その後義勇軍〔白軍〕によってカフカスが占領されると、家庭的な雰囲気のほぼ普通の生活に戻った。しかしまもなく僕は家を出ることになった。僕にこんなに不安と苦しみをもたらした者どもに対する憎しみと敵意に、すぐさま捕らわれてしまったのだ。僕は軍隊に入り、四カ月後、砲兵中隊に入隊したのち、農民パルチザンやダゲスタン人たちとの戦闘の最中に脚を負傷した。たいした怪我ではなかったが、この時、そしてその時だけではなく戦闘の合間にも、命を大切に思い、神を信じるということを知る瞬間が何度かあった。それまで僕はただ両親から生きるように言われたから生きてきたのだが、前線ではじめて真剣に、そして信仰心をもって神に祈ることを学んだ。

しかし前線での軍隊暮らしが、僕の若い魂と心を多くの点で歪めてしまった。少し前までこの若い心には優しさと同情が溢れていたのに、今ではまるで石のように硬く冷酷になってしまった。僕の放浪はさらに長引き、僕らの部隊はカフカスを離れ、僕も生まれ育った家を捨てた。エルデリ将軍の部隊とともにグルジア軍用道路を通って撤退した。数日間を移動しながら過ごしたが、その速度は遅く、食料の蓄えが少なかったのでひどくお腹を空かせ、凍えきった体で、ポティ市〔黒海東岸に面したジョージアの港湾都市〕の捕虜収容所にたどり着いた。食料が不足していたので、僕は働きに出なければならなかったが、そこで僕たちを周旋する口入れ屋の下劣な行為と搾取を見た。僕は大人の男たちといっしょにへとへとになるまで働いた。とうとう僕たちはクリミアのウランゲリ将軍の部隊に移送された。クリミアに着くと僕は数カ月間をテレク連隊の一つで過ごした後、グラフコムの騎兵中隊の軍務につくために兵站部に退いた。戦争は僕を精神的に歪め、僕は人生を嘲るように眺め、周囲に高潔なものなど何も見いだせなかった。二度目の、そして最後の撤退は、僕とロシアを切り離し、それは僕の運命にとって大きな打撃だった。それに加えて、コンスタンティノープルに着くと父が死んだ。最初のうち身の置き場もないような思いをしたが、まもなく落ち着いた。僕の心がすでに石のように硬くなっていたお陰だった。僕にとって死は驚くほどのことではなかった。それは何度も目にしたし、自分も何度も死の危険にさらされた。ただ運命が僕を守ってくれただけのことだ。僕は死を自分の目で見ただけではなく、自分の手で他者に死をもたらしもした。それも一つや二つの死ではなく、敵軍が渡っている橋を爆破した時には、多くの死をもたらした。しかしこの血まみれのおぞましい戦争が終わると、僕にはまったく新しい生活が始まったが、平穏な家庭生活など全く知らぬ労働者になることを、徹頭徹尾新生活は強いた。僕はロシアの商船ディフ・タウ号に乗り込んだ。最初は無給の研修生として働き、その後正式の船員となって、この厭うべき生活がそれでも持っている素晴らしさをすべて思い知った。深い感銘を受けたのはコンスタンティノープル・アレクサンドリア間の航路だった。僕はまだ家にいる頃から、棕櫚《しゅろ》の茂みとスフィンクスとピラミッドのあるエジプトを一目見たいと思っていたが、このすべてを目の当たりにし、アラブ人のしきたりや風習、その町や文化を見知った。だが僕たちの汽船は、もうひとつ短い航海をしてゾングルダク〔トルコのゾングルダク県にある都市〕に停泊したが、仲間の誰もお金を持っていなかったので、どこにも出かけることができなかった。僕は船を下り、コンスタンティノープルにあるロシア人のためのリツェイ〔高等中学校〕に入学し、そこでロシア人亡命者たちの不幸な境遇を体験した。それから全露都市同盟ギムナジウムに移ってチェコに来て、当たり前の生活に戻るために、僕が遠ざかり、奪い取られたものを取り戻そうとし始めた。

◆二月革命に新しい時代の到来を感じ、気持ちを高揚させた者は少なくなかった。タガンログ市〔ロシア連邦南西部ロストフ州の都市〕に住んでいた次の作文の筆者とその兄も「愛国心」に満ちた行動をとり、それがユーモアをまじえて語られる。しかし十月革命以降、ボリシェビキは家宅捜索や住居の占拠を行うようになり、筆者は彼らを冷笑的に描く。最後に彼が夢中になってこの作文を書いていたことがわかる一言が添えられている。

A・ソボレフ（エレンキョイ男子英語学校七年、男子）

私の覚えている限りでは、私たちはずっとペテルブルグ〔作者は一九一四年以前の地名を用いている〕に住み、夏はトーゥラ県にあるうちの小さな領地で過ごしていた。しかし一九一六年は私には全く分からない理由があったのだろう、いつものように領地からペテルブルグには帰らず、タガンログの伯父さんの家に行った。それ以来、私はうちの領地もあの懐かしいペテルブルグも二度と見ることはなかった。

当時の私は小さすぎて政治的事件に全く無関心だったが、兄は関心が強く、面白そうな新聞や切り抜きをいつも集めていた。私の「名の日」〔自分の洗礼名となっている聖者の祭日〕が近づいていたある日のこと、皇帝ニコライ二世が退位し、いまペテルブルグでは革命が起きているのだと、うれしそうに兄が言う。そしてさらに、この革命は短期間に流血もなく成就したことが素晴らしいと兄は言うのだった。

次の日、デモの様子を見に、家族全員でメインストリートのピョートル通りの知り合いのうちに出かけた。来るひと来るひと、思い思いに赤いリボンをつけていたので、私も小さな聖像画からリボンをはずしてコートにピンで留めた。デモのしんがりは銃剣に赤いリボンをつけた兵士たちの行進で、さらに彼らの後ろから何か大声で叫んでいる連中を乗せた自動車が二、三台通り過ぎていった。このデモがなにがしかの印象を私に残したとは言えない。ペテルブルグで皇帝の肖像画をかかげ、《神よツァーリを護りたまえ》〔ロシア帝国の国歌〕を歌いながらする行進の方が、私はずっと気に入っていた。

愛国心に取り憑かれてしまった兄は、毎日のように色々なニュースを教えてくれた。ケレンスキーに感嘆することしきりだったが、私もその「勇敢さ」を顕彰して聖ゲオルギー十字勲章がケレンスキーに授与された時は、誇らしく思った。間もなく、低額の《自由債》を発行する旨の布告が出た。もちろん兄と私はお金を出し合って二十五ルーブルをかき集めると、債権を一枚手に入れた。次に国庫へ金銀を寄付するようにとの呼びかけがなされた。そこでふたたび兄と私はママにねだって二十マルク金貨を一枚もらい、それに私たちの銀のたくわえを――残っていた二十コペイカ銀貨一枚とカフカスの銀の小物、下げ飾りなどを――足すと、それら私たちの財力に見合った寄付をおごそかに国立銀行まで届け、しかるべき受領書を受けとった。後にその全てがどこかの裏切り者のユダヤ人のポケットに入ってしまったのかと思うだけで、自分のことを決して許せなくなったものだが……。一九一七年の残りは、私の記憶に特別何の思い出も残さず終わった。

一九一八年、私の日記は機関銃、ライフル、ピストルなどの見出しで飾られている。実際、武器はその年、大きな役割を演じた。一月十五日の晩、伯父さんは自分の銀行から戻ると、私たちに伝えた――ボリシェビキとやらが町の近くにいるので、追っ払うためにガイダマキ〔ウクライナ人民共和国の特別部隊〕とやらが集まっていると。その証拠に、大砲のうなりと、そして兄が言うには、機関銃の乾いた連続音が本当に聞こえたと。十七日の朝、家中がなぜか重苦しい気分に包まれていた。朝食の前に冶金《やきん》工場のサイレンが聞こえ、三時頃まで鳴りやまなかった。正午過ぎには工員と市内に二百名ほどいた士官学校生の間で銃撃戦が始まった。何でも、士官学校生が工員から小麦粉か何かを取り上げようとしたことが、事の発端だったという話だった。私には何のことだか分からなかったし、興味もなかった。日記に書き留めたところによれば、三時にうちの客間の窓に弾《たま》が当たり、よろい戸を貫通したが、被害をもたらすことなく床に落ちた。兄の話では、散弾のひとつが落ちただけのことだそうだ。多分そうなのだろう。その後、私たちはみな廊下に移り、その夜と次の日はそこで過ごした。十八日、銀行から伯父が帰ってきて（伯父は十七日の午前から銀行に足留めをくっていた）、士官学校生が負けたと言った。

実際、どう猛な顔つきで手榴弾をいくつも身体にぶら下げたボリシェビキの集団が、次から次にうちにやって来るようになり、武器を出せと家捜しをした。あるボリシェビキは、伯父さんの持ち物である《大砲の皇帝》〔クレムリンに展示されている一度も使われたことのない巨大な大砲〕をかたどったペーパーウエイトと光療法器をひどくうさん臭そうに眺め回した。それからも入れ替わり立ち替わり住居「徴発係」がうちに来ていたが、とうとう九日目にうちのアパートの二部屋を、彼らの言う「郵便電信省」（ご大層な名前だ）として徴用した。うちのアパートには郵便電信大臣である同志ゴロフ（以前女性服の仕立てをやっていたどこかのユダヤ人）の執務室もあった。それでもボリシェビキは多少なりとも礼儀正しく振る舞っていた。

この頃までに兄は政治的信条を少し変えていたが、私も遅れをとっていなかった。当時、私のお気に入りの作業は、「大臣」が捨てた書類を引っかき回すことだったが、ある時労が報われた。それも充分すぎるほど。私は大量の電信用紙テープを見つけ、兄と二人で夕方おそく、「省」が閉まってから、それらを整理、分析し、解読した。紙テープには二人の総司令官のホットラインを使ってのやり取りが記録されていること、片方がドイツに撃破され、どれくらいの損害があったかを報告していることが分かった。家族全員が秘かによろこんだ。実際、私の覚書によれば四月十八日の三時十分、ドイツの軍隊はタガンログ市内に入り、我らが「閣僚」たちは、タイプライターと

「書類」を脇に抱え、大慌てで退却した。ドイツ軍の到来に伴う変化を観察することはとても面白かった。役人や軍人たちは官服のフロックコートを着、肩章、記章、勲章をつけ直した。伯父でさえ、参謀本部士官学校の記章をつけた。みな街頭に出て、かつては敵だったが今や解放者のドイツ軍を歓迎した。我が家にとても感じのよいドイツ人の外科医ハウプトマン・バウル氏が住むようになり、すぐに仲良くなった。少しずつドイツ語が思い出されてきた（七〜八歳の頃、私はロシア語よりもドイツ語の方がうまく話せた）。

暮らしは元通りになり、つつがなく流れていった……五月二十七日までは。その日の八時頃、私は轟音《ごうおん》のようなものに叩き起こされた。雷かと思ったが、雨は降っていなかった。すでに五時からボリシェビキは、ホエールボートに乗ってエイスクからタガンログに接近すると、町めがけて八インチ砲による砲撃を浴びせているということだった。ドイツ陣営では火砲の射撃準備ができておらず、鳴りをひそめているしかなかった。砲撃は二十九日まで続いた。三十日になるとドイツ軍の砲声がようやく聞こえ始めた。そして六月一日、私たちはボリシェビキの試みの結果を知った。数千人の上陸部隊が戦死し、二千人が捕虜になった（ああ、もう二時間たってしまった！）。

◆悲惨な体験をした少年にとって、二月革命の記憶にも高揚感はなく、まして十月革命は何かを期待するということすら許さないものだった。ペトログラードを去り、キエフに移り住んでも平和な生活は待っていない。むしろ多数の勢力による戦闘が繰り返され、そこからさらに南方へ逃げねばならない。最終的にチェコスロバキアにたどり着いた今、希望を失っていないことが語られ、読む者にかすかな安堵感を与える。

ゲオルギー・クグシェフ（モラフスカー・トシェボバー・ロシア語ギムナジウム五年男子）

一九一七年、僕はまだペトログラードに住んでいたが、この年のこととその時の体験は、僕の記憶から決してぬぐい去ることはできない。今思い出すのは、スト参加者の小さな集団、そして何か大きなことを期待している彼らの凶暴な顔だ。これらの小集団のなかから火の手が上がり、そのためあらゆる道徳が、ロシア人の心にとって神聖で大切なものすべてが焼き尽くされてしまった。それにもまして鮮明に覚えているのは、初めて赤い旗を見たときの体験だ。もちろん僕はあまりにも幼くて、それが意味するところを全て理解していたわけではなかったが、近しく親しい人びとの顔を見れば、全てが破滅したことが分かった。実際その通りだった。翌日には皇帝の退位宣言、さらには臨時政府の不安定さなど。これは僕の人生の第一段階だった。

さらに強烈な第二の体験は一九一八年十二月二十四日、クリスマス・イブのことだった。僕たちはだいぶ前に赤いピーテル〔ペトログラードの愛称〕から逃げ出し、クリミアの高山にある領地で平穏に暮らしていた。そしてこの忘れ得ぬクリスマス・イブに、近隣の村の農民たちがうちに押し入り、僕たち家族を皆殺しにしようとした。僕らはシンフェロポリ〔クリミアの都市〕に逃げ、町でも一番ひどい地区クラースナヤ・ゴールカに住み着く。そして兄と父の逮捕。市の監獄で三ヶ月ほど拘留されたが、二人が脱走してきた時、僕に見分けがついたのは兄だけで、父は見違えるほど変わり果てていた。連日の家宅捜索。人はあらゆることを恐れながらも漠然と何かを期待するものだが、ボリシェビキ政権下では、全てが想像を絶している。次にドイツ軍による占領。愛国心が「ほら、お前の敵だ」と囁《ささや》くが、保身の精神が「これはお前の救世主だ」と言う。こうして僕はロシア中をさすらい始める。オデッサで父を、キエフで兄をというように、家族を拾い集めるようにして。

一九一九年をキエフで過ごした。僕は第一ギムナジウムに入学したが、それは苦しい過去を忘れ、葬り去る助けにはならなかった。少なくとも勉学に専念することは難しかった！　今日はゲトマン、明日はペトリューラ〔第一章41ページ参照〕、あさってはマフノ、そして最後はボリシェビキ。ふたたび災難が始まり、僕の性格と神経におぞましい影響を与えた。家に閉じこもっていると、外で銃声と叫び声がする。そんなことの繰り返しで、赤色テロが猛威を振るっていた。だが、その後ついに待望の砲撃。翌日、町は空っぽになっていた。突然誰かが駆け込んできて何かを叫ぶと、みな互いに叫び、押し合いへし合いしながら走ってゆく。行き先はクレシャーチク通りで、そこではコサックたちの、正真正銘のコサックたちの騎兵斥候《せっこう》隊が馬を止め、誇らしげに身体を揺らしていた。その後再び政権交代が始まる。ある一派が来たり、別の一派が来たり、ダルニーツァ〔キエフのドニエプル川左岸の地帯〕へ逃げたり。だが、今さら僕の心を不安にすることはなかった。僕の心はそうでなくとも、サタンたちの赤い笑いによってあまりにも鍛え上げられていたから！　再びキエフが〔ボリシェビキに〕占領されると、母を連れてクリミアに逃げる。とにかく逃げる。ロシア全体が正気を失っていた。人間は苦しい時に笑い、楽しい時に苦い涙を流すというのは本当だ。これら全てがわずか四年ほどの間に起きたのだ。母はオデッサに逃げ、僕と父はセバストポリ〔クリミア半島南部の都市〕から五キロのところにある小さな別荘に残った。そこで僕たちは二人きりで平和で穏やかな生活を送ったが、それはありとあらゆる経験をし尽くしたこの時期の僕には必要不可欠な平穏だった。

一九二〇年のクリスマス近くに母が来た。一人ではなく、昔の制服をまた着られるようになった上の兄と義勇軍〔白軍〕に登録したばかりの下の兄といっしょだった。二人は軍人だったので、僕の目に映る彼らの権威は再び高まる。

それから一九二一年十一月の亡命。父は病気で左半身が麻痺していた。母は父を置いていくことができず、戦うことなく病気の父とともに赤軍の死刑執行人のもとにとどまらねばならない。一方、僕は兄と共に亡命するしかない。なぜなら永遠に無学でいるわけにはいかない。フランス国旗を掲げた汽船セゲディン号がフィオレント岬〔セバストポリ市バラクラバ区南西に位置する岬〕をゆっくり迂回したので、海辺にあるうちの別荘の小さな灯りがまだ見えたことを覚えている。あのランプのそばに母がすわり、さめざめと泣いていることを僕は知っている。一九一七年以来はじめて流す心の涙が、僕の喉を締めつけ、僕は声を上げて泣く。ふと目を上げると、周囲は遮るもののない海。さらば、ロシアよ！

コンスタンティノープルではミスター・ビチマールが僕を全露都市同盟のギムナジウムに入れてくれ、その学校とともに僕はチェコに移って来た。最近僕は、喪をあらわす黒い縁取りの手紙を姉から受け取った。そこには父が亡くなり、母にオデッサを出る可能性がないとあった。それに引き替え、僕はここでこんなにも元気だ！　この七年間が僕の記憶から跡形もなく消え失せてしまわないのは、一体なぜなのだろう？　なぜなら、この七年間がロシアにとって末期《まつご》の時だったからだ。だが時に奇蹟は起こる……

◆母親に反対されていたキエフ行きにより、少女は革命の現実を見ることになる。そこにはかつての美しさも礼儀正しさもなく、少女は不快感を覚える。キエフから帰宅してからはさらに恐ろしい生活が待っており、彼女は無関心という防御で身を護る。だが最後の数行で、彼女の心が完全に閉ざされていたのではないことがわかる。

V・ストレリツォワ（モラフスカー・トシェボバー・ロシア語ギムナジウム八年女子）

その頃まだ二年生だったことを覚えている。二年生から三年生に進級するときキエフに行きたいと、私はママに言った。キエフでの子供時代を思い出し、もう一度体験し直してみたかったのだ。

行かせてあげると約束してはくれたけど、ママはどこかためらっていた。家の中には何か高ぶったような雰囲気が感じられ、何についてかは分からなかったが、パパは長いあいだママと話し合い、いつもとても注意深く新聞を読んでいた。パパは帰宅すると何か新しいことをママに知らせるのが常だった。

今も目に浮かぶようだが、すがすがしい早朝、ギムナジウムに行く用意をすませた私は、大急ぎで紅茶を飲んでいた。パパが「皇帝陛下の退位」という私の心には何も訴えるところのない新聞のフレーズを大声で読んだ。そのとき私は「まあいいじゃない、弟さんが即位するのだから」と思った。ギムナジウムに着いた私が最初に見たのが、校長先生の心配そうな顔だったのを覚えている。先生たちはみな何かひそひそ話し合いながら新聞を読み、多くの先生は泣いていた。当時の私は何が起きたのか理解できなかった。数日後、あるいはもっと後だったかも知れないが、パパから今ロシアには臨時政府があるのだと聞かされた。

ギムナジウムで私たち全員、臨時政府に宣誓したのを覚えている。まもなく無事第二学年を終えた私は、キエフ行きをかたくなに主張した。ママは「今は」どこであろうと出かけるのは無理だと言い聞かせようとした。しかしどうやら私たちは出かける運命にあったらしい。なぜなら、病気が重いから会いたいという祖母からの手紙を受け取ったからだ。パパだけがうちに残り、私とママは出発した。駅にはかつてのような文句のつけようのない清潔さは見られず、客車もいつもより混み合っていた。

それでも私たちは無事キエフに到着した。農民たちが今起きていることについて話すのを聞いたことを覚えている。彼らはみな土地について何か大声でしゃべり、女たちは「皇帝様」をしのんで泣いていた。男たちが拳でその女たちを脅しつけていた。この光景を私は、田舎に滞在中、ママと訪ねた学校の窓から見ていた。なぜか私たちを――いや私たちというよりママを、ひとりの女の先生が学校に招待してくれたのだ。そこでは穏やかな集会が開かれることになっていた。私は、そこでの話を聞きたいとせがんだが、ママは許してくれなかった。当のママも起こっている出来事を遠くから見守っていただけだったと、後になってママから聞いて知った。当時農民の間で起きたことにママはとても関心があって、パパに長い長い手紙を書いていた。私はそれを冗談に「新聞」と呼んでいた。

秋になると私たちはキエフ市内に立ち寄り、そこから家に帰ることにした。キエフでは、兵士が将校にもう敬礼しなくなったというニュースを知った。何が起きたのか、ぼんやり私にも分かってきた。キエフはすでにその美しさを失い、兵隊たちが群れをなしてのし歩き、礼儀をわきまえず、以前は入れてもらえなかった場所に出入りしていた。彼らのタールで磨いた長靴《ちょうか》の臭いがいたる所にした。私とママはキエフ・ペチェールシク大修道院に滞在することになった。兵隊たちが修道院に来て聖骸をじろじろ見ていった様子を、修道士たちが恐ろしげに十字を切りながら話してくれた。その全てが私に不快な印象を与えた。ママはひたすら家路を急いだ。でも、帰るのはとても大変だった。兵隊でいっぱいの《テプルーシカ》〔暖房付きの貨車〕とやらに乗せられたが、中で兵隊たちは互いに罵り合って唾を吐き、ボリシェビキについて何かわめいていた。やっとのことで家に着くと、家は無事だった。しかし今ではもう、私ひとりでギムナジウムに行かせてもらえなかった。私は好奇心に駆られ、いつも校長先生を眺めていた。今では先生は水兵の妻たちのご機嫌とりにこれつとめ、将校の妻たちを冷たくあしらっていた。

たくさんの司祭が逮捕され、殺される恐れさえあった頃、ギムナジウムで大きな騒ぎが起こったのを覚えている。学校を出て歩いていると、見知らぬ女の人たちが走り回っていて、「決して誰にも私たちの司祭さまを渡さない」と叫んでいたのを覚えている。町での政治集会、叫び声、大混乱を覚えている。すでに戦闘が始まっていたので、通学にはママが付き添ってくれていたが、ある通りを歩いている時、路地のところに血の海となった舗装道路が見えた。私はその光景にぞっとしたが、ママには何も言わなかった。それからギムナジウムの近くまで来た時、ゆっくり進んできた荷馬車にママと私が目を向けたところ、防水布の片側からは手がぶら下がり、もう片方からは誰かの脚が突き出ているのが見えてぞっとした。すぐに二人で家に引き返すと、それ以後長いことギムナジウムには行かなかった。パン屋の長い行列のことも覚えている。

その後何が起きたのか、全部はちゃんと覚えていない。なぜなら熱病で寝込んでいたから。深夜、私は正面玄関のドアを乱暴に叩く音に目を覚まし、「誰ですか?」というパパの問いに、誰かが「開けてください!」と叫んだ。兵士の大群が全身赤ずくめの誰かを先頭に押し入ってきた。彼らはアパート中を歩き回り、何かを探していた。赤い服の男がパパと何かを話し始めたが、不意にピストルをつかむと父に銃口を向けた。それはダイニングルームでのことだった。その後、自分に何があったのか覚えていない。ただ病気で寝込んでいた間、私の上の空中に、血まみれの大きな剣を持った全身赤ずくめの男が浮かんでいるのがいつも見えていた。

快方に向かい出すと、自分の部屋がひどく変わっているのに気づいた。ママは私と同じ部屋で寝ていた。私たち家族は二部屋しか使わせてもらえなくなっていた。アパート全体は当時有名だった革命家ディベンコが占拠していた。子供の頃から診てくれた先生が精をつけるようにとワインを処方したのでママが苦笑いしたこと、ふつう考えられないことに、ディベンコが「病人のために」と赤ワインを一本届けてよこしたことを覚えている。全快すると教会に連れて行ってくれとママに頼んだのを覚えている。パパは仕事でいなかった。復活祭前のことで、町にはすでにドイツ軍がいた。でもキリスト受難週間の木曜日、銃撃戦が始まった。ボリシェビキが町から六キロのところに駐留していたのだ。入江にはフランスの軍艦が停泊しており、互いに撃ち合っていた。教会を出て家に帰るのがこわかった。手榴弾が何度も炸裂し、街はパニック状態になっていた。あちらこちらでピストルの発射音が聞こえた。教会を出る人々はみな火を点したロウソクを握りしめ、銃声のたびに十字を切った。

ボリシェビキは復活祭にはもう市内にいた。誰も自由に外出することができなかった。再び家宅捜索と不安が始まった。

一九一九年、義勇軍〔白軍〕が来たのを覚えている。こうした政権の交代、寒さ、飢えが、私の暮らしにとって当たり前のことになった。心の中にある反動が生まれた。周囲に対する無関心があらゆる不安に取って代わった。勉強しようにもできなかったし、したくもなかった。革命は就学中の若者にその刻印を押した。誰もが何かを待っていたが、何を待っているのか自分でも分からなかった。変化に対する小さな希望が燃えていたが、どれもみな空しくついえた。飢えと困窮と殺人について書かれた、胸を引き裂かれるような手紙がうちに届いた。だがどんなことであれ、私たちに助ける力はなかった。鉛色の雲が近づき、いまにもその雲に押しつぶされそうに思われた。

一九二〇年のちょうど柳の土曜日に〔復活祭の一週間前の日曜日の前日〕母が病死したのを覚えている。おぞましい復活祭が過ぎた。父の出発。何かがのし掛かり、押しつぶそうとしている。

コンスタンティノープルへの旅立ちのことを、より良いものへの希望を、清らかなものを希求する思いを覚えている。コンスタンティノープルに着くと、私はすぐにギムナジウムに入った。そこで夢と希望に満ちた新生活が始まった。古いことはみな重苦しい悪夢だが、未来には何かが待っているのだろう。

◆実際には少なからぬ血の流された二月革命を「無血革命」と人々が言ったのは、その後の筆舌に尽くしがたい惨禍を知ってのことだろう。十月革命以降ボリシェビキは横暴になり、田舎の領地は取りあげられ、都会では飢えと少女が目にするにはあまりに悲惨な情景が待っていた。そのためキエフに向かうところで作文は終わっているが、そこが安住の地ではないことを私たちは知っているし、彼女がどんな体験をしていまプラハにいるのか、私たちは想像するしかない。

なお文中に現れる「コミッサール」とは、本来は軍組織の政治指導の責任者を意味するが、多くの機関の長らも一時期さまざまな「コミッサール」を名乗った。

N・ガガーリナ（モラフスカー・トシェボバー・ロシア語ギムナジウム八年女子）

一九一七年、私はペトログラードにいた。革命がどんなふうに始まったか、よく覚えている。私たちはどこかから帰宅する途中で、濃くなってきた夕闇の中、暗い空が赤い照り返しに不気味に染まっていた。ニコライ駅〔現在のモスクワ駅〕が燃えていたのだ。私たちが家に帰り着くと、みな不安そうに気を滅入《めい》らせ、何か思わしくない雰囲気が感じられた。翌日には町中どこを見ても、赤い旗やプラカードを持ったデモ隊が行進していた。はじめのうちは、必ずと言ってよいほど蜂起した民衆が鎮圧軍の攻撃にさらされていたが、軍隊が少しずつ民衆の側につき始めた。巡査たちは屋根や屋根裏部屋に身をひそめて待ち伏せし、赤い旗を持った隊列に発砲した。だが、そんな巡査たちは捕まって撃ち殺された。誰もが自分に疑いの目を向けられぬよう、ドアに鍵をかけ、灯りを消したのを覚えている。しかし殺人はわりあい少なく、無血革命であることをみな喜んだが、この先良いことが待っているとは思えなかった。まもなく皇帝は退位を余儀なくされ、大臣たちの逮捕が始まった。広場や通りで政治集会が開かれ、誰も知らないボリシェビキがどこからともなく現れた。最初は嘲笑されるばかりで、その頃はまだ小さな集団だったボリシェビキが権力を手中に収めることになろうとは、当時誰も夢にも思っていなかった。みな革命を軽く考え、その後革命がどんなことになるかなど、考えてもいなかった。そうこうするうちに銃や抜き身のサーベルを持ったどこかの兵隊たちが、没収した乗用車やトラックを乗り回して通りを行き交い、気晴らしのために上空や建物の窓をめがけてしばしば発砲した。近くの裁判所やその他の役所から出た書類の山が通りのあちこちにうずたかく積まれ、民衆に罵声を浴びせかけられながら燃えていた。政府関係の建物の多くが放火されたり、窓がことごとく割られたりし、備品が強奪された所もあった。個人の住宅にも、深夜しばしば酔っ払った水夫や兵隊が押し入り、将校を探し回りながら、略奪をほしいままにした。

臨時政府が統治を始めても事態は改善されず、状況は変わらなかった。それはまさに「臨時」であり、革命の惨禍はまだこれからだと感じられた。いまだにデモ隊が街頭を練り歩き、監獄からは懲役囚が釈放され、相変わらずの政治集会とプロパガンダのビラ。

夏を過ごすため私たちは領地に行った。ここにも革命の影響があった。農民たちが大挙して押し寄せ、土地をせびった。ただ幸いな事にうちの場合は、全てが穏やかだった。他の県ではそこいら中で地主の屋敷が焼かれたり打ち壊されたりしていたし、屋敷の主人がありとあらゆる残酷なやり方で殺されていた。新聞は悪いニュースばかりを伝えていたが、田舎ではそれがあまり感じられなかった。真夏に何やらうさん臭い人物たちがたくさん乗りこんだ自動車が、県庁所在地の町から隣の工場にやって来て政治集会を行い、プロパガンダのビラを配った。それはボリシェビキということだったが、そのころまだ農民たちが特別好意を持って彼らを迎えるということはなく、彼らに石を投げつけることさえあったらしい。

このようにして夏は過ぎ、事態はさらに進展していった。前線の兵士たちは戦闘を嫌い、将校や地主に対して行われた残虐行為がしばしば話題になった。日毎に生活費が値上がりした。町では商店に例によって行列ができ、配給制度が導入されたところで、そもそも砂糖も小麦粉もなかった。お金は値打ちを失い、小銭は使われなくなった。

しかし秋が、十月の不吉な日々が訪れた。十月蜂起が起き、おびただしい血が流された後、ボリシェビキが権力をつかみ、ケレンスキーが逃げた。みんなの気分はひどいものだった。今や自分の命を保証できる者は誰もいなかった。田舎にいてさえボリシェビキが来て破壊行為に及ぶことを覚悟していた。そしてある真夜中、私たちがぐっすりと寝入っていた時、赤軍兵士たちが大挙して現れた。彼らはみな県庁所在地から来ており、私たちが予備の武器を隠しているのではないかと疑い、不意を突いて私たちを捕まえようとしたのだった。彼らは家の壁にそって忍びよると家に押し入り、私たちをたたき起こし、両手を上げさせ、身体検査をした。そのとき眠っていた私が起こされるのではないかと家人は心配したらしいが、ひどい光景だったという。もちろん何も無かったのだから、何も見つけることはできなかった。これは最初の頃のボリシェビキで、まだそれほど残忍ではなかった。それともあの時の私たちは単に運が良かっただけなのかも知れないが、武器が全く見つからないとなると、彼らは善人に変わった。ほとんどが水夫だったが、その中に体中にピストルと小銃とその他の武器を下げた一人の女性がいた。彼らはみなひどくお腹を空かせていたので、食事に飛びつき、驚くほどの食欲を見せた。長居することなく、食料品をつめこんだ沢山の袋をいくつもつかむと(ただしあの女性だけは短剣を自分のものにして)、それ以上何もせず立ち去った。その後のボリシェビキはこうは行かなかった。

まもなくコミッサールたちがどんどんうちの領地に現れるようになった。しばらくすると私たちはもはや領地の所有者ではなくなり、自分の物を使うにも彼らの了承を得なければならなくなった。ペトログラードの我が家はだいぶ前からどこかの共産主義の結社に占拠されていたので、冬にペトログラードに帰ることはなかった。一方、領地でも事態は悪化の一途をたどっていた。いくつもの赤軍部隊がやってきた。彼らは武装した人間を廊下に配備して私たちを部屋から出さず、貴金属を奪い、私たちを反革命のかどで摘発しようと手紙や書類を漁った。彼らはみなひどいごろつき、正真正銘のムショ帰りで、私たちをものすごく口汚い言葉で罵り、さげすんだ。田舎にはもう長くはとどまれなかった。屋敷から地主を追放せよという法令が出され、手をこまねいてここを去るしかなかった。私たちはモスクワに向かった。そこにはまだ共産主義者たちに占拠されていない持ち家があった。その家はクレムリンの向かいにあったので、ボリシェビキの頭目たちを乗せた車がクレムリンから出てくるのをいつまでも見ていられた。今やクレムリンは特別な通行証がなければ入ることができなかった。自分たちの指導者の命が狙われることをボリシェビキが恐れていたからだ。クレムリンの塔からは常に機関銃が突き出ており、それはまるでわざとのようにうちの方に向けられていた。モスクワでの生活は田舎よりもひどかった。藁《わら》か何かの上に置かれていたパンはしっけていたが、それさえ配給券がないと貰《もら》えず、馬肉を食べ、店にはいつも最後尾の見えない行列ができていた。飢えのため、もはや動くこともできない衰弱しきった人を見ることも、珍しくなかった。憔悴しきった馬が通りの真ん中で倒れ、そのまま死んでいった。その死体が何日間も片付けられないこともしばしばだった。街頭では、不遜な顔の赤軍兵士たちが車を乗り回して道路を荒らし、ラトビア人たちは、「インターナショナル」のメロディーに合わせて赤の広場に向かって歩いていた——そこでトロツキーが彼らを謁見してくれるのだ。そしてモスクワでも家宅捜索と最後に残った家財道具の没収。まもなく家も没収され、親類の住むアパートに引っ越さざるを得なくなった。モスクワでの生活が耐えがたいものになってきたので、よそに移る必要があった。長い奔走の末、ほとんどひと月近くかかって、ついにキエフに疎開する手筈を整えた。私たちは夕方駅に向かった。この日はちょうどボリシェビキによるクーデターの一周年を祝っていた。あらゆるものが明るく照らし出されていた。電信線には赤い旗が結びつけられ、巨大なプラカードは風に揺れ、「インターナショナル」のメロディーに合わせて軍隊が行進していた。私たちは重苦しい心を抱え、ロシアはそうすぐには復活しないだろうと思いつつ、モスクワを去った。

◆第一次世界大戦の騒音が遠雷の残響のように聞こえる僻遠の地ノブゴロドにも革命の嵐がやってくる。その意味が飲み込めない老人は滑稽ですらあるのだが、その様子を描く筆致には哀しみが感じられる。二月革命の歓喜に満ちた興奮の後、ボリシェビキが勢力を強め、陰惨な事件が起きるようになる。そんななかコサック騎兵隊の登場は短い平和をもたらすが、十月革命の後、ソビエト政権による「報復」がはじまる。故郷のミンスクに戻ると、こんどはポーランド人による支配にロシア人たちは反感を抱くようになる。随所に擬人法が見られる文学的な一編となっている。

M・ヒトロボ（モラフスカー・トシェボバー・ロシア語ギムナジウム八年男子）

一九一七年の一月の末に私が退院したのは、まだ実科学校に入る前のことだった。一九一五年にミンスクから疎開してきた僻遠の地は、あらゆる政治からも遠く離れていた。前線からの知らせさえここに届く頃には何やら不明瞭な音になって、まるで遠雷の残響のようだった。町は静かで平和で穏やかで、純粋にエゴイスティックな内輪の小さな生活を送っていた。国家の政治生活からさらに遠く離れていたのがうちの家族だった。しかし二月の末、突然何かが変わった。一見したところ、町は相変わらずわが町らしい穏やかな暮らしを送っていた。それは革命前、北ロシアにある僻遠の町に住まっていた者なら誰もが知っている生活だった……。一見したところ全てが穏やかだったが、「何か」が迫ってきていた。恐ろしい何かが私たちの方に、ロシア全土に押し寄せつつあり、どこかで巨大な何かが起こりつつあった……。しかし何が、どこで、なぜ起きているのかはっきりと分かっている者は、うちの町では一人もいなかった。ペトログラードに混乱が生じているという噂がぼんやり伝わってきた。まるで自分に押し寄せてくるものが何であるかが分かっているかのように、町は恐怖で凍りついていた……。不穏な雰囲気が、どこか緊張しピリピリした雰囲気が、町に垂れ込めていた。そして突然……。それは三月二日の夜遅い時間だった……。すでに眠りについていた町は、監獄の近くでとどろく「万歳！」という叫びと一斉射撃の轟音に、思わず目を覚ました。すでに暗くて人気《ひとけ》のない通りは、毛皮の帽子をかぶり灰色の外套を着た人々で埋め尽くされ、彼らは怒号を上げ、唸り声を立て始めた……。そこここで「万歳！」という叫びが起き、散発的に銃声が鳴り響いた。住民は小さな家に隠れ、通りの出来事に耳を澄ましていた。朝になると白い雪は跡形もなく、通りと広場は群衆に覆いつくされていた。武器を持った兵士、持たない兵士たちが行き交い、袖に「民警」という腕章を巻いた平服の人々がパトロールをしていた……。裁判所や警察署の前では書類の巨大な山が燃えていた……。家々の壁や塀にはすでに『イズベスチヤ』紙やその類いの物が貼られ、そこには皇帝の退位宣言、ミハイル・アレクサンドロビチ大公の帝位継承拒否、臨時政府のことなどが書かれていた……。人々が群がって読み、その場で、あるいは交差点や街角で、議論を始めていた。何が起きたのかどうしても理解できない年老いた農民のことを覚えている。「だから皇帝はもういないんだよ、分かるかい」。どこかの若者が（ただしこの土地の者でなかったことはよく覚えている）老人に説明しようとしていた。「そんならなんでそんなことになったんだね？　どこに隠れた？　もしやおかわいそうに死んだのかい？」「死んじゃいないよ。ただ自分たちのところに皇帝がいることを人民が望まないから、とうとう退位したわけだよ」「みんなが望んでねえなんて、誰が言った？　わたしらがだって！　わたしらはただの平民だ、皇帝様がいなくちゃどうにもなんねえ……。なんでこんなことになったんだね？　わたしらには皇帝様はいなくちゃなんねえんだよ！」――二人は長いあいだ議論を続けていた。なぜかその老人のことが特にはっきりと記憶に残っている。

ところで私は、コートや外套につけられた赤いリボンに気づいていた。知り合いの近衛将校に会ったので、実際この色は何を意味しているのかと尋ねた。先の革命では赤いリボンや旗は処罰の対象だった――革鞭で打たれたはずだけれど……。だが彼の答えは私を満足させてくれなかった。なぜなら彼が話したのは、私にまったく理解できない政党やらのことだったから。ずっと後になってようやく、私はこの赤いリボンの意味を知った……。

革命はやって来るなり、穏やかで平和な町の暮らしをめちゃくちゃにした……。次から次へと政治集会が行われ、演台で演説が続いた。いたる所で赤い旗やプラカードが目につき、政府機関や薬局から双頭の鷲が消えた。ただ火の見櫓の鷲だけが長く残され、町の上空を舞いながら、その握りしめられた両足で町を脅しているようだった……。その後、ボリシェビキの標的にされ、あっという間に集中砲火を浴びて、完全に銃殺されてしまったが……。

革命は私たちには理解できない秩序に従い、順調に進行していった……。夏になり、それとともに前線での完全な破綻、無秩序、秩序を回復しようとする臨時政府の空しい施策についての知らせが届いた。

七月の中旬、第百七十九予備役大隊の放埒で洗脳された兵士たちによる、将校への非道な行為が始まった。手始めに兵士たちは一人の若い中尉を袋だたきにして、大隊から追いだした。だがこの事件を労兵ソビエトがもみ消した。

そのかわり、酔った兵士たちがブラノフ陸軍大佐を惨殺したことは、もみ消せなかった。誰からも慕われ尊敬されていた人物、以前の部下から「父さん指揮官」と呼ばれていた人物が残忍なやり方で殺害されたことは、みなを動揺させたし憤慨させた。ペトログラードに宛て何通も電報が送られた。一方、町は立ちすくんで静まり返り、息をひそめた。誰もがつぎに何が起こるのかと固唾《かたず》をのみ、誰もが殺人の恐怖に麻痺したかのようだった……。噂が蔓延していった……。だが罰は与えられなかった……。

私たちの実科学校では授業が始まり、もしも痛ましくも恥ずべきニュースと予期せぬ事件を日々もたらす生活を「穏やか」と呼べるのであれば、「革命」生活は「穏やかに」流れていた。ある日の四時限目の授業中、学校の前の広場で騎兵隊のホルンが鳴り響いた……。私たちは窓に駆け寄った……。広場には整然と隊列を組んだウスリー・コサックがいた。黄色い肩章とズボンの縫い目の飾りがひときわ目立ち、横隊の上に突き出た槍が輝いていた……。外に出ることが許され、私たちは一団となって広場に向かった……。私は友人と橋に向かったが、途中で駅へと向きを変えた。先頭に若い旗手のいるコサックの騎兵部隊が私たちのほうに向かってきた。旗手は私たちを呼び止め、ソビエトはどこかと尋ねた。もちろん大喜びで説明し、案内を買って出さえした。ソビエトのメンバー数人が逮捕された。コサックは町を占拠し、高い場所に砲台をしつらえ、殺人犯とすべての武器を差し出すよう要求した……。おびえた兵士たちは同意し、殺人犯たちはペトログラードに護送され、コサックたちは大隊の武装解除に着手した。荷馬車四十五台分の火器と弾薬が武器庫から運び出され、首都に送られた。

兵士たちは借りてきた猫のようになった。だが平穏は長く続かなかった。ペトログラードとモスクワにおけるボリシェビキのクーデターの後、私たちの町でも「あらゆる権力」がソビエトのものとなった。将校二名、弁護士一名、そして豪商二名を殺害し、ブルジョア数名を人質にとるとおとなしくなった。それから荒廃、物価の高騰、無政府状態、無法状態が訪れた……。住民は飢えに苦しみ出し、不満が昂じた。いたる所で銃撃戦、略奪、殺人、暴力が行われた……。ソビエト政権に「報復された」村々が炎に包まれた。

一九一八年の秋、郡の農民たちが蜂起した。町では二、三の機関が破壊されたが、「赤軍」が組織され、メインストリート沿いや広場に機関銃を配備した――人気の絶えた通りは死者と負傷者だけになったが、負傷者はとどめを刺されたので、死者だけが残った……。それから再び終わりのない弾圧、弾圧、そして弾圧……。農民は呻《うめ》き、村は燃え、懲罰部隊と食料部隊が猛威を振るった。赤軍と和解し従うことを潔しとしない者は森に逃げ、北方のアルハンゲリスク〔ロシア連邦北西部、アルハンゲリスク州の州都。ロシア最初の海港でイギリスその他の西欧諸国と交易が行われた〕や、漠たる噂以外届いていなかった南方のコルニーロフ将軍やデニーキンの軍隊〔白軍〕を目指して歩いていた……。だが、彼らのところまでたどり着いた者はごくわずかだった。大半は多勢に無勢の戦闘で命を落とすか、あるいは「悔い改めて」ボリシェビキの側についた。

一九一九年夏、私はノブゴロドの僻地を離れ、ミンスクに戻った。「前線地帯」の通行証を手に入れることは難しく、そこまで行き着くことはもっと困難だった。というのも、病身の叔母を伴っていたからだが、それでも何とか無事にミンスクにたどり着くことができた。そしてそこで知った……。ポーランド軍が町まで二十キロのところまで迫っており、たえず赤軍と戦闘を繰り返していることを。一九一九年〔新暦の〕八月八日の朝、町は敗走してゆく赤軍を目の当たりにした……。粘り強い戦闘の末、勇敢な防衛戦と努力の結果、ミンスクの町にポズナン〔ポーランド中西部の都市〕の部隊とドウブル＝ムシニツキ将軍〔ポーランド生まれのロシア帝国の軍人。反ソの立場を取り、一九一八年にポーランドの総司令官に任命された〕の特別編成部隊が入った。ポーランド人によるミンスクの十一ヶ月にわたる占領が始まった……。

はじめのうちはすべてが順調に、静かに穏やかに進んで行った。生活はほとんど平時と変わらず、物価が下がり、模範的な秩序がもたらされた。しかし異国人による圧政は、その本性をあらわにしてきた。いたる所でポーランド語が耳に入ってきた。それは方言によって、柔らかく間延びしたように聞こえたり、辛辣で破裂するように聞こえたりした……。真新しいアメリカ風の軍服を一着に及ぶ一方、ロシアのものにそっくりなありふれた軍帽から、てっぺんが正方形の純粋なポーランドの帽子「ロガトゥーフカ」まで、様々な帽子をかぶった兵士で町は溢れかえっていた。見慣れた黒の双頭の鷲に代わって、「どうしようもないね」というかのように両の翼を開いているくせに、誰かを威嚇する英雄を気取っているような白い単頭の鷲が、あちこちで目についた。そんな白鷲のことを、町の人々は「正真正銘のポーランド人、典型的な旦那だ。足下に何の土台も支柱もないのにもったいぶってやがる」とくさしていた。

ポーランド兵や当局はロシア人やベラルーシ人を迫害し、正義は失われた。市場には金を払わず欲しいものは何でも奪い取る兵隊たちが大挙して押し寄せ、馬や馬車をもつ農民を捕まえて輸送隊として徴用し、四、五週間も解放しなかった……。民衆のあいだに不満が高まった。「こんなことは赤軍がいた時でさえなかった」と農民たちは言った。一方赤軍も手をこまねいているわけではなく、プロパガンダを開始した。そしてまた町中に噂が広まった……。ソビエト権力は右寄りに進化していると……。アレクセイ・ブルシーロフ〔ジョージア出身のロシアの軍人。ポーランド軍がロシアに侵攻すると赤軍の顧問になった〕が軍を率いている……。肩章と敬礼が再導入された……。その軍隊はもはやボリシェビキ軍ではなく、ロシア軍だ……。それはロシア人をポーランドの圧政から解放するために前進している……。圧政は日ごとに強まった。ポーランド人が「勝者」であるということが日ましに感じられるようになり、ロシア人やベラルーシ人にとって白い鷲の支配のもとに生きることが耐えがたくなってきた……。

そして青天の霹靂《へきれき》のように、知らせがとどろいた。ベレジーナ川を赤軍の騎兵隊が渡ったというのだ。ポーランド軍の前線は突破された。ポーランド軍はパニックに陥り、敗走していく……。

二日後、ミンスクでも撤退が始まっていた。パニックが始まった。ポーランド人とロシア人の一部が、ポーランドを、ワルシャワを、いやその先を目指して逃げた。できるだけ赤軍から離れようと……。一方、住民の大部分は「ロシア人」を待っていた。これら「お茶好き」の人々が、進撃してくる軍隊の中に見いだしたのはボリシェビキでも赤軍でもなかった。彼らはロシア人の兵士を、故国ロシアの軍隊を待っていた……。

◆十三才の少女に残された故郷の記憶の断片は悲惨なものだった。だがそこからコンスタンティノープルに逃れても平穏とはほど遠く、家族は離散し、本人も家事や賃金労働さえすることになる。それでも自らの運命を呪わず、感謝の言葉すら述べる姿に感動を覚える。

T・エラギナ（モラフスカー・トシェボバー・ロシア語ギムナジウム八年女子）

一九一七年から国外避難までの記憶には、不完全さと不明瞭さがつきまとっているが、避難した瞬間からの記憶は少しちがって、はっきりしたものになってくる。人生のあらゆる心配と困難から守ろうとしてくれる親族に囲まれて暮らしていた十三歳の娘に、いったい何を感じとり、経験することができただろう。もはや過去のものとなったが、かつて家族の大人たちを不安にし、苦しめたものが何であったのか、私は今になって初めて会話の中で知るようになった。

一九一五年から私たちはクリミアのケルチ〔クリミア半島の港町〕に住んでいた。この町での生活は、他の多くの町と比べるとはるかにまともだった。記憶の多くがよろこびに溢れた穏やかなものだ。だがそれでも動揺し、ひどく不安になった出来事をいくつか覚えている。それはニコライ二世が退位するというニュースが初めて届いた二、三日後のことだった。この数日の間、何か緊張状態の中に我が家があるように感じられていた。この頃すでに病気で衰弱していた老齢の祖母を心配させないために、このニュースについて語ることが厳禁されていたからだ。ボリシェビキがいた時間を、ケルチはどこの町よりも穏やかに耐えた。なぜなら町のトップが教養のある人物で、ボリシェビキたちを完全にコントロールしていたからだ。ごくわずかの逮捕や銃殺があるにはあったが、例えばセバストポリと比べれば物の数ではなかった。セバストポリにおける将校や船員の運命、彼らに対する残虐行為についてのありとあらゆるエピソードは、深く記憶に刻み込まれている。果たしてその恐ろしい話をいつの日にか忘れることができるのだろうか。

採石夫たちによる三日間の反乱のこともよく覚えている。この三日間、撃ち殺されるかも知れないという恐怖のため、誰もあえて外出しようとはせず、外では昼も夜も叫び声と銃声が響いていた。あちこちに死体が転がり、絞首刑に処された人々が樹上に揺れていた。多くの家に人が押し入ってきたが、それは匿《かくま》ってもらうためのこともあれば、家宅捜索をするためのこともあった。いつ何が起きてもおかしくないので、みな緊張していた。しかし三日後に反乱が鎮圧され、彼らの隠れ家の破壊が始まった。何日間だったかは覚えてはいないが、長期間にわたって採石場の破壊が行われたような気がする。それぞれの入り口に色々な爆発物の入った樽が置かれ、火がつけられた。爆発のたびに窓ガラスが震えてこわかった。それは何か不幸な出来事の前兆のように思われた。

もう一つ決して忘れられない事がある。一九二〇年六月二十九日、うちの中庭にボリシェビキが放った砲弾が落ちたのだ。それは恐ろしい光景だった。砲弾は小さな納屋の入り口近くに落下したのだが、そこに何かの取引を終えたユダヤ人が四人居合わせた。納屋は完全に破壊され、中庭の石畳は裏返り、ガラスも窓枠も飛び散って、四人のユダヤ人はぐちゃぐちゃになって死んでいた。彼らのことは良く知っていたのに、誰が誰だか見分けがつかなかった。その光景は本当に恐ろしく、忘れることはほとんど不可能だ。同じような出来事がこの年のケルチには少なくなかったが、それはボリシェビキ軍の飛行機が毎日数発ずつ爆弾を落としたのに、港や船など、狙ったところに一発も命中しなかったからだ。同じ一九二〇年の十月三十日、その日が金曜日だったことまで覚えているが、避難すると言われた。夕方ギムナジウムから帰宅すると（当時私たちは昼食後、別の建物で勉強していた。ギムナジウムに診療所が入っていたからだ）、すぐに出発の準備をした。金曜の夜も土曜の夜も眠らず、十一月一日の日曜日の十二時に出発した。出発までの間、とてもつらい思いをした。ここを離れたくなかったが、残ることはできないとも感じていた。最後の晩は寝つけなかった。アパートの中を水夫たちが歩き回り、残ったものを余すところなく分け合っていた。立ち去ることはつらかった。ずっと甲板に座って、遠ざかってゆく岸を見ていたが、長くここを離れることになるとは思いもしなかった。すぐに戻れるものとずっと思っていた。遠ざかる船から、クロンシュタット要塞のトートレーベン堡塁《ほうるい》に赤い旗が見えた。コンスタンティノープルに到着した。二週間後、ブユク・デレ通りのロシア人寮の近くにあるエニマハレというところに着いた。兄たちは全露都市同盟のギムナジウムに、姉はエニケンの〔元ロシア帝国の外務副大臣ネラトフの夫人〕ネラトワの名を冠したギムナジウムに入り、私ひとりが両親のもとに残った。ある日兄に会った。兄のひとりは陸軍幼年学校についてビゼルト〔チュニジアの都市〕に移り、姉とその夫はセルビアに行った。家族の半数が遠く離れてしまった。コンスタンティノープルにいる間は昼食を作ること、下着を洗濯すること、薪を割り暖炉を焚きつけること、床を洗って部屋を掃除することなど、何でも自分でしなければならなかった。（生活のために）お金を稼ぎ、両親を手助けしなければならなかった。一人でコンスタンティノープルに行き（私たちが住んでいるところから二時間かかった）、あらゆる団体を訪ねて仕事をもらった。もらった仕事を期限内に終わらせるために深夜まで夜なべをするのも稀ではなかった。そうしないと翌日のシフトから外されてしまう。このようにあくせくし、仕事に追われながら、コンスタンティノープルでの生活が流れていった。自分のために何かをしたり、何かを読んだりする時間は全くなかった。

　一九二一年の十二月、私はギムナジウムに入学できることになり、みなといっしょにトシェボバーに来た。

過去を全て思い返すことは、その時その場で体験していたのに比べれば、今となってはそれほど辛くはない。事あるごとに全てを思い出し、私は自分に言い聞かせるだろう。神は私たちを憐れんでくださったのだ、私たちは助かったのだ、ずっとひどくなることだってあり得たのだと。そう、もちろん、もっとひどくなることだってあり得たのだ。

第三章

失われた楽園としての革命前のロシア

ギムナジウムの食堂（1920年代中頃、プラハ・ストラシュニツェ地区）
Private collection of Anastazie Kopřivová

亡命ロシア人の時間意識は十月革命が分水嶺となり、革命の前後で截然と分かれているという。ここには、革命前の古き良きロシアが失われた楽園として描かれている作文を集めた。

回想は亡命者のもっとも重要なジャンルのひとつであると言われる。たしかに回想録を書いた亡命ロシア人は多い。彼や彼女たちが真に「ロシア的」と考える、そんな経験を未来に伝え、ロシア的な精神世界を守ろうという熱意が、革命前の（亡命者たちの好んだ表現を使えば「クーデター以前の」）ロシアで既に功成り名を遂げていた亡命者たちをして回想録を書かせたのであろう。それは、在外ロシアにロシア語で教育を行う学校が創設されたのと同じ動機であり、結果的にそこで学んでいた生徒たちにも過去を理想化する傾向を植え付けることになった。

反面、幼い頃の記憶を美化するというのは、誰しも心当たりのあるほとんど普遍的な現象でもある。だからこそ、この章で紹介する作文に対し、私たちは、歴史資料としてではなく一種の元型的な記憶として共感を覚えるのかも知れない。

◆最初の作文は、チェーホフの名作『曠野』に描かれたステップ地方に育った少年の作文。自然の中での暮らしを奪った革命と内戦に対する怒りよりも、自然への強い愛着がより強く、いじらしいくらい伝わってくる。

（プラハ・ロシア語ギムナジウム三年男子）

ぼくは大草原で生まれた。父さんの領地に暮らしながら、好き勝手にいつまでも草原で馬を走らせたり、ボートに乗って池のずっと奥の方の、もうボートも通れない葦《あし》の茂みまで入り込み、果汁たっぷりのスイカをお腹いっぱい食べたり、魚をつかまえたりしたものだった。ぼくは野生動物のように育ち、カモはもちろん、そんなのを捕まえるぐらいなら兄弟と一緒にウサギ狩りに行った方がまだましな鳥のことまで、水鳥のことなら何でも知っていた。

十歳になるまで一度も都会に行ったことがなかった。初めて都会に行ったのは、一年生になるためロストフに試験を受けに行かなくてはならなかった時だ。はじめのうちぼくはとても嫌だった。あの騒音、エンジンの音、いつもあくせく早足でどこかに急いでいる通行人たち。そして受験、見知らぬ人との出会い――どれからも強烈な印象を受けた。自分ではうわごとを言っているような感じだったが、口頭試問はうまく行き、ほっとして、ぼくはふたたび大草原に帰ると、田舎暮らしの魅力にどっぷりひたった。田舎暮らしは夏が特に面白いのだが、秋はそうはいかない。雨がそぼ降り、あたり一面ぬかるみだらけになって、気持ちが暗くなるからだ。

こんなふうにぼくの子ども時代が過ぎていった。大草原での暮らしの魅力と欠点をすべて描くことなんてできやしない。ひとり馬に乗って行く時の、あるいは花の香りに満たされた空気を胸いっぱいに吸い込む時の大平原の広がりを、空高く舞い上がるヒバリの声に――まるですばらしい自然の美しさをすべて理解しているかのように、まるでその心を自然への賛歌に注ぎ込もうとしているかのように、小さな体を震わせながら鳴くヒバリの声に――気だるく、全てを忘れて耳を傾けている時の大平原の、言い表せないほどの素晴らしい広がりを想像してほしい。そう、たくさんの魅力的なものが草原には、その荘重で寡黙な美しさの中、決して都会人の目には見えない秘密の中にはあるのだ。

そんな絵のようにきれいな土地こそが、革命を演じるのに好都合な運命にあった。革命はみのり豊かな畑を踏みにじることで、農民たちに鋤《すき》の代わりに銃を取らせたのだ。

革命は突然はじまったが、実は、それ以前から革命やボリシェビキとかいう連中についていろいろ噂が流れていて、彼らはみんなと同じロシア人ではあるけれど、全てを焼き尽くし破壊する怪物のような存在だと思われていた。しかし、怪物のように恐ろしい戦争が近づいてきて、間もなくぼくたちの所でも軍靴《ぐんか》の響きが聞こえるようになった。すでにけが人が――同胞によって負傷させられた人びとが――出始めていた。負傷者の中には、回復すると再び武器のうなり声のする方へ、仲間同士が血で血を洗う戦いを繰り広げている方へと戻って行く人もいた。ほんとにあの頃はひどい時代だった。もちろん、あの頃のぼくには理解できないことが沢山あったが、それでも避けがたい何かが起こるのを、怯えながら待っていた。そして、その避けがたいものは時をへずして姿を現し、あらゆる土地に飢餓をもたらし、住民をパニックに陥れたのだった。

◆二十世紀初頭のロシア帝国の領土は広大であり、大ロシア人の人口は帝国全体の半分に及んではいなかった。王朝が信仰していたからロシア正教が支配的ではあったが、カフカスや中央アジアではイスラム教徒が多く、支配者層に及んでいた。次に紹介するのは、北カフカスのモスリム貴族の家に生まれたお転婆娘の作文。前半では十九世紀ロシア文学でおなじみの山岳地帯でのエキゾティックな暮らしが生き生きと描かれている。

アイデブロワ・ファチマ（プロティ女子英語学校三年女子）

一九一七年、私は九歳だった。そのころ私は山岳地帯の祖母のところにいた。来る日も来る日も迎えに来てくれるのを待っていた。なぜなかなかパパは迎えに来ないのだろうと不思議に思っていた。ギムナジウムの授業がもうじき始まるし、君が授業を休むのがパパは好きじゃないから、お祖母さまのところにいるのは二週間までだよ、と言っていたからだ。正直言って、私は家になんか全然帰りたくなかった。祖母のところでは自由を謳歌していたが、家では何をするにもして良いかどうか聞かねばならず、しかも許してもらえないことが多かった。

毎朝私は六時に起きた。祖母がとても早起きだったからだが、朝のお祈りの後、祖母はいつも家事で忙しかったので、私が馬に乗るのを許してくれた。どこでも好きなところに行くことができたが、いつも誰かしらが付き添っていた。あるとき祖母に、お願いだから一人で行かせてくれと頼み込むと、一頭の馬に鞍が置かれた。遠くには行かないでね、とバルコニーに立っている祖母が言ったので、あまり遠くには行かない、と言って祖母を安心させた。馬にまたがり、ゆっくり、おごそかに出発した。誰も私の後をついてこないのがとてもうれしかった。私たちのうちが見えている間はゆっくり進んだが、平らな場所に出ると馬を走らせた。

もう私は大きいのだと、いま私を捕まえようとしている巨人に追いかけられているのだと空想していた。あんなに馬を速く走らせたのは初めてのことで、どんどんスピードを上げていく馬をどうしても止められなくなった。私は手綱を放してたてがみをつかみ、鞍の上で悪戦苦闘したが、どうしても馬を止められなかった。突然誰かに殴られたような強い衝撃を受け、落馬した。最初に感じたのは頭の痛みと額の冷たい湿布だった。目を開けると、そこには大好きな祖母の顔があり、私を見ながら、困った子だねと言わんばかりに首を横に振っていた。私の最初の質問は、「馬はどこ?」だった。祖母は心配しないで眠りなさい、あとで話してあげるからと答えた。翌日目を覚ました私は、起き上がろうとしたが、祖母が許してくれず、包帯をしてもらいましょうと言った。どこかのお婆さんが乾燥させた草を持ってくると、祖母が私の頭を押さえ、お婆さんが草を押し当て、二人がかりで包帯を巻いてくれた。そのお婆さんが帰り、祖母と二人きりになったので、そばに来た時、何がどうなったのかを話してほしいと訴えた。祖母は「お目付け役」の一人に後をつけさせ、彼は私が馬を止められないのを見て、私を追いかけたが、馬はさらにスピードを上げた。私の馬が溝を跳び越した時、私は馬から放り出され、馬だけがさっさと家に帰り、私は「お目付け役」に家まで運んでもらったということだった。話の最後に祖母は今後二度と馬には乗らせないと言った。私はもうあんな乗り方はしないと泣いて誓ったが、祖母は断固として許してくれず、だいぶ前にくれると約束していた小さな銀の短剣を手渡して、言った。パパが迎えをよこしたから明日の朝帰るのよと。私は家に帰りたくなかった。このことはパパには何も言わないで、と祖母に頼んだ。

翌日私は山用の服を脱ぎ、大嫌いなギムナジウムの制服を着た。そして祖母に私の山用の服と短剣をとっておいてくれるよう頼んだ。夕方近くにはもう家に着いていた。驚いたことに、ほとんどの人が赤いリボンをつけ、何かの歌を歌いながら通りを歩いていた。

ダイニングルームに入ると、そこにはパパとアリリ・ゲレイ・ナウルゾフ公爵がいた。公爵は私を呼び寄せ、お祖母さんのところでどんなふうに過ごしたのか、お祖母さんはお元気か、と質問した。「おばあさまは元気です」と私は答えた。公爵は私の頭を撫でて言った。そして通りに赤い旗が垂れ下がり、みんな赤いリボンをつけているのはなぜなのか尋ねた。これは革命だ、今私たちのところに皇帝はいないのだと。驚いた私は公爵をじっと見つめ、最後にこう聞いた。「皇帝なしに私たちはどうやって暮らしていくの？」。公爵は悲しげに私を見ると、これは至高の神アラーのご意思だよ、と言った。私は悲しくなり、なんとなく残念だった。パパに尋ねた。「ママはどこ」。ママは叔母さんのところに行っているけど、すぐ帰ってくる、疲れているなら寝なさい、とパパは答えた。パパがベルを鳴らすと、私が子どもの頃からいる大好きな小間使いが来た。私はパパと老公爵におやすみのあいさつをして寝室に行った。小間使いは私をベッドに寝かせると行ってしまった。私は自分の部屋に一人で寝るのが気味悪くなり、生まれて初めて目に見えない何かがこわくなった。夜が更けても寝つかれなかった。

朝、私は起き上がり、ママのところに行った。ママに抱きつき、ジェーニャとクークはどこかと聞いた。叔母さんのところだわ、とママは答えた。なぜそんなに悲しそうなの、とさらに尋ねると、ママは何も答えなかった。私がエリバン〔エレバンのロシア語風の古称〕の姉から手紙が来ていないかと聞くと、来ているし、姉は来年の夏に戻ってくると答えた。次の日、私はギムナジウムに登校し、すべて今まで通りに始まった。

兵士たちが自分のメダルを外し、犬に掛けているのには驚いた。私たちのギムナジウムにはニコライ皇帝の大きな肖像画があったが、それが取り外されていた。ギムナジウムの生徒のほとんどが赤いリボンをつけていた。

まもなく一九一八年になった。春になると姉が夫のケリムといっしょに来た。かわいそうなケリムは、私たちのところに長くは滞在せず、ツァリーツィン〔現ボルゴグラード〕の前線に行ってしまった。彼はカバルダ第二山岳騎兵隊の司令官だった。まもなく戦死し、遺体が前線からうちまで運ばれ、埋葬された。そしてすぐに私たちは、叔母のいる村に移った。持てるだけの物を持ち、家を離れた。

やがてナリチク〔ロシア連邦カバルダ・バルカル共和国の首都〕にもボリシェビキが侵攻し、さらにそこから私たちのいる村にもやって来た。彼らが着く前に私たちはあらゆる品物と絨毯《じゅうたん》を地中に埋めたが、私のお目付け役の息子がそれを見ていた。私たちは貴金属と絨毯を全部持って行かれて、手許には何も残らなかった。

ボリシェビキはありとあらゆる手段で私たちを迫害し、特に女ボリシェビキにはひどい目にあった。彼女たちは私たち女性をあざ笑い、これからあんたたちは皇帝時代の自分たちのような暮らしを、自分たちはかつてのあんたたちのような暮らしをするのだと言った。ママは女中にはいつも丁寧に接していて、私が覚えている限り「命令」をしたことなどなかった。いつも「お願い」していた。なのに突然、一人のいやらしい女ボリシェビキがママに言う。「あんたたちはもう十分奥様暮らしをした。今度は私らの番だ。さあ、私らがあんたたちにしたように、私らのために働くんだね！」。かわいそうなママは何も返事ができなかった。ママは生まれてこのかた一度も働いたことがなかったのに、突然この妖婆のために働かなくてはならない。私はこの女ボリシェビキに駆け寄り、背後から殴りかかった。思い切り殴ったので、彼女は倒れ、大声をあげた。ママは私のしたことにびっくりし、一方老婆は立ち上がって私に襲いかかろうとしたが、私は家に逃げ込んでドアに鍵をかけ、窓から外を見た。老婆がママに何かするのではないかと心配だったが、私を拳で脅しつけながら、こう言っただけだった——「自分にはボリシェビキの息子がいるから、言いつけてやる。息子はお前を必ず銃殺するだろう」と。あっかんべえをすると、老婆はますます怒り狂ったけれど、どこかに行ってしまった。私たちはすぐに自宅のある町に戻り、アパートに一泊したあくる日、うちを見に行った。ああ、何ということだろう。窓ガラスは割られ、ドアは破られ、家具は焼かれ、鏡は割られ、庭の木々は切られ、小道は踏み荒らされていた。これが私たちの家だとは信じられなかった。

まもなくクバン地方から白軍が来たが、その中にはパパもいて、ひと月半いっしょに暮らした後、グルジア軍用道路を通って疎開した。イングーシ人に銃撃され、殺された人もいた。グルジアにつくと、伯父のムシュニ・ダディアニ公爵が迎えてくれた。グルジアにボリシェビキが侵攻するまで、私たちは伯父のところで快適に暮らしたが、伯父はスバネチア〔ジョージア北西部の歴史的地域〕に向かい、私たちはコンスタンティノープルに着いた。

そしてとうとう英語学校に入学し、私はいまそこで平穏に暮らし、学んでいる。

◆次は都会育ちの少女の作文。まだ町中を辻馬車が走っていた時代に運転手付きの自動車に乗っていたのだからリュドゥミーラは良家の娘なのだろう。記憶に残る断片的なイメージを綴り合わせるように体言止めを多用したいささかセンチメンタルな文体が、文学好きを思わせる。だが、革命前の豊かな生活と対照的な革命の混乱期を手短にやり過ごし、疎開先での暮らしを〈果樹園〉のイメージを中心に据えて牧歌的に描くところからすると、彼女にとっての〈失楽園〉は革命前のロシアというよりは、幼年時代そのものなのかも知れない。

リュドゥミーラ・バルガコワ（モラフスカー・トシェボバー・ロシア語ギムナジウム三年女子）

ペトログラード地区にあった小さいけれど居心地の良いアパートを覚えている。ごく幼い頃のことは大好きな母がやさしく撫でてくれた思い出と結びついている。父のことはまったく覚えていない。父は私がまだ赤ん坊の頃に亡くなったのだ。

次に遠い幼年時代の思い出の脈絡のない光景。深夜、聖母像の前に燈明が灯り、その震え揺らめく光が麗しい乙女の寛大なみ顔を照らし出すと、み顔の表情が動き、まるで生きているかのようで、美しく深い眼差しはやさしさと愛をたたえて私を見つめているよう。幼い少女の私は、裾の長いパジャマを着てベッドに横になっているが、眠くはない。婆やのいびきが聞こえ、夜のしじまのなか、私は誰もいない広い世界に独りぼっちのような気がして恐くなるが、み母マリアのいとも麗しいみ顔に目をやると、恐怖は少しずつ薄れていき、自分でも気づかないうちに寝入ってしまう。幼年時代の光景のひとつだ。

また長い毛皮の外套にくるまれて散歩に連れ出された自分を覚えている。路面電車が鳴らす絶え間ないベルの音や、群衆の話し声が奇妙に感じられる。群衆の見知らぬ顔も別におそろしくはなく、そこにはただやさしげな表情しか見えないので、彼らがみな知り合いのように思える。あとのことは全て、私には吹き払うことのできない霧で覆われている。

それからもっと大きくなってからの思い出。七歳の女の子の私は、もうママに「私の賢い大きな娘」と呼ばれていて、おじいさまのところにお呼ばれに行く用意をしていた。婆やは私のお下げ髪に新しいリボンを編み込み、白いよそ行きのワンピースを整え、点検するような目つきで自分のお気に入りの娘を眺め回し、満足すると、お披露目のためママのところに行かせる。もうとっくに用意をすませていたママは私にキスをすると、私たちはコートを羽織ってアパートの玄関を出る。自動車に乗り込むが、めまぐるしく見え隠れする歩行者の顔を窓から眺めるのが面白くてたまらない。だがもう到着。エレベーターでのぼり、呼び鈴を鳴らすと着飾った小間使いがドアを開けてくれ、コートを脱がせてもらった私は、おじいさまとおばあさまに挨拶をするために長い廊下を走って行く。おじいさまとおばあさまは、たった一人の大切な孫娘を強く抱きしめてキスをする。おじいさま、おばあさまへの挨拶をすますと、可愛らしくて陽気で笑い上戸の、まだギムナジウムの八年生だったおばさまに挨拶をしに走って行く。叔母は高い高いをしてくれた後、同じ年頃の女の子のように私と遊び始める。かわいい同年代の友だちになったマルーシャおばさまと、おじいさまの広いアパートで、楽しく遊んだことは忘れられない。おじいさまのアパートでは、何をしても大目に見てもらえたので、それをいいことに、客間と書斎のクッションをみんな引きずり出して、それからおじいさまの寝室の大きな電灯の傘の下で遊ぶ。こうした遊びはとても楽しかった。それらの遊びがどれほどの陽気さと笑いをもたらしてくれたことか。

　しかし私は九歳になり、ママは私を幼稚園に入れた。そこに私がいたのは長くはなく、たった三日間だった。兄弟も姉妹もいなかったので、私は子どもたちの集団を知らずに育った。騒音、金切り声、小さな足を踏みならす音が私の耳をつんざいた。知らない女の子たちの顔と彼女たちからの質問攻めが神経にさわり、ママの胸で大声をあげて泣いた。ママのいないところで、私に敵意を燃やす見知らぬ女の子たちの中にとどまることが、恐ろしく思えた。ママも私の健康を気づかって、幼稚園をやめさせた。

そしてもっと後になってからの思い出。すでにボリシェビキについての物騒なうわさが流れていた。どんよりと曇ったある朝、家の小間使いが打ちひしがれた顔で走り込んできて、大群衆が赤い旗を掲げて通りを歩いていると、震える声でママに告げる。みな薔薇《ばら》の形に結んだ赤いリボンをつけて、冬宮からの知らせを今か今かと待ちわびていた。そのあと現れたのが、飢饉、恐ろしく長い行列、飢え、疲れ切った群衆の獣じみた顔、顔。

ママと私はペトログラードを出て、カルーガ〔ヨーロッパ・ロシア西部の都市〕の祖母、つまりパパのママのところに行った。そこで私が覚えているのは、大きな家と麗しいオカ川の岸辺にある果樹園。早起き、ひよこたちへの餌やり、川での水浴び。カルーガの針葉樹林での茸狩りや野いちご摘みがどれほど面白かったことか。秋になると私はギムナジウムの予科に入学した。私はもうかつてのような人見知りではなくなっており、友だちになったかわいく陽気な少女たちといっしょにいるのが楽しかった。勉強はわりあい良くできたが、九九がなかなか覚えられず、ずいぶん苦労した。私は本を入れるための新しい鞄と、面白い数字が書ける真新しい石盤がとても自慢だった。

前線で旦那さんを亡くした叔母が、ママに来てほしいと、その耐えがたい悲しみを乗りこえるのを手助けしてほしいと頼んだからだった。

◆一九一七年当時は三歳から五歳くらいだったと推測される少女。乳母から昔話を聞きながら過ごすひそやかな田園生活は、ロシアの国民詩人プーシキンのイメージを喚起せずにはいない。書き手の少女がそのことを意識していたことは、「婆やのしてくれるおとぎ話」をはじめ、「ママの膝」「小さなおうち」「イチゴ摘み」といった定型的とも元型的とも言えるモチーフを織り込んだ文学少女らしい語りからも明らかだ。後半でも美文調は変わらないが、〈失楽園〉に代わって、亡命体験に特有の〈移動〉のモチーフが前景化していることが目を惹く。

（プラハ・ロシア語ギムナジウム女子）

子供時代の大部分を、私はママがお医者さんとして働いていたS村で過ごしました。今でも緑の中に浮かんでいるような小さなお家が目に見えるようです。この思い出と切り離せないのが、やさしく私にとってとってもとってもだいじな婆やの姿です。ママはほとんど家にいませんでした。ママの時間の大部分はお仕事にとられていたのです。私は六歳くらいでした。夏は婆やと一緒にイチゴを摘み、冬はママの膝によじ登って婆やのしてくれるおとぎ話を聞いていました。そんなふうにして一年が過ぎました。

ある時、いっしょにテラスにすわっていたママが言いました。「リョーレニカ、秋にはお前をギムナジウムにやりたいの」と。私はびっくりしすぎて、返事のことばが見つかりませんでした。ギムナジウム！　この単語を何度聞かされたことでしょう！　それは何か新しいもの、特別なもの。自分がギムナジウムの生徒になるのだと考えるだけでうれしくてたまらず、秋になり、郡の中心地Bにあるギムナジウムに入るため、婆ややお家や古くからある森とお別れした時でさえ泣き出さずにすんだくらい。私は予科の年少クラスで勉強することになりました。ママは私をギムナジウムの寄宿舎に入れました。

こうしてまた三年がたちました。授業中に銃声が聞こえました。その瞬間、怯えきった先生が教室に飛び込んできました。「皆さん、落ち着くのです。皆さんに家に帰ってもらわなくてはなりません。銃撃戦が終わり次第、みなさんには付き添いと一緒に出発してもらいます。ボリシェビキが撃ってきているのです」。

この二年間を私はママと婆やと一緒に貨車の中で過ごしました。ボリシェビキから逃げていたのです。私たちはロマのように、あちこちを転々としながら暮らしました。寝入るとき、明日はどこで目覚めるのか分かりませんでした。この恐ろしい二年間を私は勉強もせずに過ごしました。暗くて寒く、汚い貨物車の中に座って勉強など出来るものではありませんでした。「夜の間に運ばれてきたの。ある朝目覚めると、果てしなく広がる水が目の前にありました。私はママを起こしました。私はうれしくて叫び声を上げました。生まれて初めて海を見たのです。私たちはいまV市にいるのよ。これが海なのよ」とママが言いました。

ある日、つかまえたカニと緑色のヒトデを持って海から帰る途中、二週間後には出発すると言われて驚きました。私はできるだけ海岸に行き、黄色い砂の上に腰を下ろして、限りなくいとしい何より大切なS村が今もあるはずの方向を見ながら、最後の日々を過ごすようにしました。出港したのは夕方です。私たちの乗った大きな汽船の甲板に長いこと座ったまま、故郷の土地の最後の切れ端が陰に隠れた方をずっと眺めていました。(1)

◆勉強嫌いのシャーリ君の作文にも、美文調で描写されたキエフの思い出、そして家郷を出たあとの放浪が描かれている。

A・シャーリ(モラフスカー・トシェボバー・ロシア語ギムナジウム三年男子)

ドニエプル川の岸辺で、その支流であるデスナ川からほど近いところに荘厳な町キエフは広がっていた。目の前に美しい景観を繰り広げるその町は、庭園の緑に埋もれている。聖ウラジーミル公の銅像のあるウラジーミル山が美しくそびえ立っている。向かいにある低地の岸もそれに劣らず美しく、そこには小さな村々が点在している。美しい鎖橋が両岸を永久《とわ》につなぎ、町と近郊の村を結び付けていた。降り注ぐ陽光を反射して美しい川が輝く。川面のあちこちに投錨している汽船の間に丸木船が見え隠れする――こんなふうに僕は子どもの頃を記憶している。僕にとっては明るい思い出、よろこびにみちた思い出だ。キエフ・ペチェールシク大修道院にママと通い、またかつて修道士たちが隠遁《いんとん》していた小さな洞窟に行ったことも覚えている。

僕は夏をとても楽しく過ごし、ドニエプル川沿いを上流に遡って歩き、森にオランダイチゴがたくさん生えているスビャトシノまでよく行ったし、ドニエプル川でウグイを獲ったりもした。あの楽しかったことを残らず思い出すなんてことが、本当にできるのか疑わしい。

冬も夏に劣らず楽しく過ごした。スケートをし、友人たちと雪合戦をし、橇滑《そりすべ》りをした。しかしある冬の夜、翌日から毎日二時間ずつ女性の家庭教師と勉強するのだとママから告げられた。自分は優等生だと思い込んでいたのだが、そうはいかなかった。初日から僕は、当然のことながら努力と勤勉とを求めてくる、そんな学問に幻滅した。そのころからもう授業が嫌いだった。

このときロシアで騒乱が始まり、みんな何かの投票について話していた。ママが病気になり、僕はママとともにニコラエフ〔ウクライナ南部の都市。現在はウクライナ語で「ムィコラーイウ」と呼ばれる〕の祖母のところに行った。ニコラエフでママと祖母はレスキ公園の近くに別荘を借りた。でもママの病状は次第に悪化し、亡くなってしまった。埋葬のあと僕はパパとキエフに戻った。パパは僕をキエフからベッサラビア〔現在のモルドバ共和国の地域の旧称〕に数カ月の予定で送り出した。このときキエフでは投票や政治集会などが始まっていた。ボリシェビズムが燃え上がった。パパは僕を迎えに来てくれて、僕を連れてオデッサに、次にセバストポリ、ノボロシースク、バトゥム〔バトゥミの古称。ジョージアの港湾都市〕に行き、コンスタンティノープルに着いて、僕はこのギムナジウムに入った。

◆『五百人のロシア人児童の回想』序文で、我らが暮らしの日々を忠実に再現した歴史資料だとか、浩瀚な回想録よりも雄弁ではないかと賞賛されているにもかかわらず、生徒たちの作文には「思い出せない」「覚えていない」という語句が散見される。革命が勃発した頃まだ二歳から四歳ぐらいの幼児が「私たちの乗船したのがどんな船だったか覚えていません。[……]私たちはどこかの街に着いたが、何という街だったか覚えていません。その街で私は病気になったのですが、どんな病気だったか覚えていません。これ以上、私は何も覚えていません」(2)と書き記しているのも無理はないだろう。亡命作家のウラジーミル・ワルシャフスキーに言わせれば「彼らのもつロシアの思い出は、それによって生きるにはあまりにも少なすぎた。そこに彼らと年長世代のちがいがある」のだという。

一九一七年にすでに七~九歳になっていた児童の中にさえ、記憶が曖昧だと告白している者が、実は少なくない。プラハのギムナジウムの生徒のひとりは、「一九一七年までの自分の人生は、ぼんやりと覚えているだけだ。ぼくたちが幸せに暮らしていたこと、何ひとつ不自由したことがなかったという記憶しかない……」(3)と革命前のロシアを美化することすら拒否している。

その一方で、記憶が曖昧であるにもかかわらず、もっともらしく回想を書こうと努力している生徒もいる。次の作文では「よく思い出せないのですが」と書き出しておきながら、「覚えています」ということばが反復されている。そしてここでも美化された思い出に、菩提樹や果実とそして家族が現われている。

（ザグレブ全露都市同盟実科学校二年女子）

よく思い出せないのですが、子どものころのことを書きます。わたしがママとパパといっしょにハリコフに住んでいたことからはじめましょう。あのころはいい暮らしをしていました。一歳のころから旅行しだしたことをおぼえています。一歳になったとき、パパが鉄道をつくるよう言われたので、わたしたちはシベリアに行きました。そこでわたしとママとパパは九か月くらしました。そこからわたしたちはワルシャワに行ったのですが、ワルシャワがとても気にいったことをおぼえています。そこで何か月かくらしたあと、ママのふるさとのモスクワに行き、わたしたちはとてもかんげいしてもらえました。そこにはおばさまたちとおばあさま、おじさまたちとおじいさまが住んでいました。そのときわたしは五歳で、みんなに愛され、かわいがられましたが、自分はそんなふうにかわいがられることなんて全然どうでもよくって、キスされたり、ぎゅっと抱きしめられたりするのを逆にいやがっていたのをおぼえています。わたしのためにクリスマスツリーがかざられ、たくさんのプレゼントや人形をもらいました。わたしたちはそこに二年すみ、ハリコフに越しました。ハリコフにはもう一人のおばあさま、つまりパパのママが住んでいました。そこに着くとわたしたちは立派なアパートをかり、パパは映画会社につとめました。ハリコフについたあと、わたしは七つになり、ほんのちょっぴりおりこうになり、家庭教師をやとってもらって、その先生からアルファベットを習ったり、散歩につれていってもらったり、ほとんど一日じゅう先生といっしょでした。

しばらくしてパパが《世界に永遠の平和を与えよう》という題の、子どもがふたり登場する映画をとることになったのですが、ちょうどいい子どもが見つからず、わたしが出演することになって、もちろんわたしは大よろこびしました。そしてある日、わたしはパパやほかのたくさんの俳優さんたちといっしょに、ハリコフの近くにあるボダイジュの林に行くことになりました。そこはとても良いところで、領地の近くにはたくさんの果物がみのり、ものすごくすてきな林でした。わたしはある女地主の娘の役でした。そうして一ヶ月後に撮影がおわりました。

そのあとすぐにボリシェビキたちがハリコフにやってきました。町は大あわてし、みなが思い思いの場所にかくれました。わたしとママは地下室にかくれましたが、わたしはあんまりびっくりしたので長いこと安心できませんでした。二日後ボリシェビキたちはパパが勤めている会社をさがし出して何か作るよう命令し、そのしめ切りの日を決めました。その仕事がとてもたくさんで、ママもそれを手伝ったため、わたしはおばあさんのところで暮らしたのをおぼえています。おばあさんはわたしをとても可愛がってくれて、わたしはそこで暮らすのは嫌ではなかったのですが、何日か会わないだけでママとパパを恋しがったそうです。ママがきた時、それはわたしにとって大きなよろこびでした。そんな仕事のせいで、パパの具合がとても悪くなったことをおぼえています。やがてボリシェビキたちがいなくなり、かわりに義勇兵〔白軍〕がやってきました。ちょうどその時おじいさまが病気になり、一週間ねこんだあとすぐに亡くなりました。おばあさまとおばさまとパパは、あなたがたに伝えられないほど悲しみに打ちひしがれてしまいました。わたしもおじいさまが大好きだったので、テーブルにねかされていたおじいさまを悲しそうに見ている人たちを見て、たくさん泣きました。

この頃のことからとても強い印象をうけたので、今でも忘れられません。ボリシェビキたちがもう一度ハリコフにせっきんしはじめた時、もうこれ以上ここにいることはできませんでした。そして長いこと用意して、わたしたちは外国に出ることにしました。わたしはお別れに大きなシベリア猫をもらいました。そしてある日、わたしたちは出発することになり、たくさんの人が駅まで送ってくれました。わたしはとても残念な気持ちでおばあさまを見ました。おばあさまはほっぺに涙を流し、これがわたしを見る最後になるのではないかと思ってでもいるように、じっとわたしから目をはなしませんでした。でも自分たちが列車に乗ってもまだ、わたしは居心地のいいかごの中にいる猫と別れようとはしませんでした。

わたしたちは長いこと汽車に乗っていました。ノボロシースクでおりましたが、そこでは何か月も客車のなかで暮らすことになりました。それからわたしたちは汽船にのり、国境の方へ黒海をすすみましたが、その時どれほど気持ちよかったか書こうとは思いません。なぜなら感じ方は人ぞれぞれだと思うからです。

注

（1）Sergej Karcevskij, ed., *Vospominanija detej-bežencev iz Rossii* (Praga: Pedagagičeskoe bjuro po delam srednej i nizšej russkoj školy za granicej, 1924), 14-15.

（2）Nikolaj. Curikov, "Deti èmigracii: Obzor 2400 sočnenij učaščixsja v russkix èmigrantskix školax na temu «Moi vospominanija»," in *Deti èmigracii: Vospominanija*, Edited by V. V. Zen'kovskij (Praga: Pedagagičeskoe bjuro po delam srednej i nizšej russkoj školy za granicej, 1925), 91-92.

（3）Karcevskij, *Vospominanija detej-bežencev iz Rossii*, 13.

第四章

革命後の混沌

体操協会〈ソコル〉の祭典に参加した生徒たち
（1926 年、プラハ・ホレショヴィツェ地区）
Private collection of Anastazie Kopřivová

十月革命後、生活は一転してカオスと化した。

◆第四章の最初の作文では、十月革命以後、政府の取締が厳しくなり、モスクワが荒廃して行く様や、父親が何度も拘束されたことが、ほとんど自分の感情を交えずに、淡々と語られる。それがむしろ彼女の心が受けた衝撃の強さを表しているようだ。食べ物も燃料も着る物さえなくなったモスクワを彼女たちは去り、プラハへと向かう。

（プラハ・ロシア語ギムナジウム三年女子）

一九一七年に革命が始まった。その後も全てがほとんど順調に進んでいたが、十月の終わりにボリシェビキが来てモスクワを砲撃し始めた。それが二週間続いた。パパは行方不明になった。何日もずっと泣き通しのママを姉さんがなだめていた。パパがいっしょにいないのは辛かったけれど、私は全てに興味をひかれていた。一分ごとに毛布の吊してある窓に走り寄っては、混乱が支配している通りを眺めていた。もう長いこと外に出ていなかったので、全てが終わるのをじりじりしながら待っていた。

何日かたってどうやら落ち着いた。パパがうちに帰ってきた。その日の夜に赤軍の兵隊が家宅捜索にやって来た。うちでピストルが三挺《さんちょう》見つかったので、パパは逮捕されてブティルカ監獄に入れられた。ママは病気になって二ヶ月間寝込んだ。医者は強いショックのためだと言っていた。知り合いの人の助けでパパは釈放された。

赤旗をもった人びとが《インターナショナル》を歌いながら、通りを行進していた。戦死した赤軍兵士が赤の広場のクレムリンの壁のあたりに埋葬された。夏になると、私たちはクスクボ村の名付け親のところに行って数日間を過ごした。その頃、どこか近くの村でコミッサールが殺されたというので、パパも含め男の人全員が逮捕され、客車に乗せられてモスクワまで連行された。ママはひどく驚き、私たちは朝の列車でパパの後を追った。次の日うちに来た名付け親の話では、コミッサールの奥さんが全部の男の人をよく見て、うちのパパが殺人者だと言ったので、次の日パパは銃殺されることになったらしい。しかし、幸運な偶然がもう一度起こった。この女性は銃殺の前にもう一回パパの方を見て「あの人ではない」と言ったのだ。

家宅捜索が毎日あった。お酒を探したり、武器を探したりしていた。市場や通りでは一斉取締が行われていた。パパは値打ちのある物を売るためにスハレフカやゼムリャノイ・バル〔共にモスクワの市場の名前〕に通っていた。

ある時、いくら待ってもパパが帰ってこなかった。一斉取締があってつかまり、かわいそうなパパはまた監禁されたのだ。反革命取締非常委員会《チェーカー》かブティルカ監獄に入れられるまで一ヶ月もなかった。国外に出るように勧められたが、私たちは相変わらずコルチャークやデニーキン〔両者とも白軍の指導者〕の顔をした救世主がやって来るのを期待していた。しかし、どちらもモスクワまで近づくことはなく、私たちはただ待ちぼうけしているだけだった。

ギムナジウムに通うのはやめた。ありとあらゆる病気がたくさん流行っていたからだ。モスクワは荒廃していき、木でできている家や柵はみな、市民の手で少しずつ壊されていった。郊外のソコリニキには大きな森があったが、今も残っているのかどうか知らない。なぜなら森の木を薪にして家に運べる人はみんなそうしたので、ソコリニキの森はだんだんまばらになっていったからだ。薪はなく、買おうにもどこにも売っていなかった。いくつも協同組合がオープンしたが、どの店にも、たとえば「小麦粉ありません。入荷時期は未定」と書かれていた。小麦粉以外もそうだった。ぞっとするようなパンが配給された。腐って凍ったじゃがいもが配給された。交通網はひどい状態で、列車の中で人びとはこごえた。反革命家と見なされた人は、反革命取締非常委員会《チェーカー》で銃殺された。おそろしい出来事にはきりがなかった。政府がクレムリンに入ると、クレムリンに行くことが禁止された。あちこちの広場にレーニンやトロツキーらの記念碑が木で作られた。劇場広場では木々が青く塗られた。

食料品を買うのはとても難しく、物々交換の方がまだしも可能だった。ぜんぶのギムナジウムが混ぜられた。つまり男子ギムナジウムが女子ギムナジウムと合併させられた。通りには人気《ひとけ》がなかった。店は閉まっていた。屋根は雪の重みで崩れ落ちていった。最後の服もすり切れてきたし、食べる物は何もなかった。

とうとう私たちはプラハに行く決心をした。一九二〇年三月二十一日、私たちはモスクワを発ち、五月十四日にはプラハにいた。

◆これはまるで小説の書き出しのような掌編。唯一の家族である姉と駅ではぐれ、ひたすら待ち続ける幼い少年。やはり孤児と思われる少年に助けられるのだが、そのときのやり取りや、近づく列車に姉の幻を見る様が、映画の一場面のように生き生きと描かれる。誰もが続きを読んでみたいと思うのではないだろうか。

（プラハ・ロシア語ギムナジウム、学年不詳）

一九一八年、ぼくは姉さんを見失った（列車を乗り換える時に）。ひとり駅に残され、誰に頼ればいいのか分からなかった。六歳の子どもだったので、よく考えもせず、子どもの浅知恵で決めた。姉さんがぼくを連れに戻って来てくれるだろうから、そのまま駅にいることにしようと。でも、夜の八時近くになっても姉さんは来なかった。暗くなってきたし、お腹が空いてきた。しかしどこかで何か食べようにもお金がなかった。もっとよく考えようとしかけて急に思い出した。以前の冒険のことをだ。お腹が空いていることも忘れて、冒険のことを想像しはじめた。想像するのに夢中だったので、暗くなったことに気づかなかった。

突然誰かがぼくの袖を引っぱった。振り向くと十三歳ぐらいの男の子で、ぼくの方を見ながら大口を開けて微笑んでいた。「こんなところで何してんだよ？」とその子がぼくに聞いた。「姉さんを待ってる」とぼくは答えた。「姉さんって？　どこにいるんだい？」「朝、はぐれた」「で、朝からここで待ってるのか？」「うん」「何か食べたか？」「ううん」「お腹すいているか？」「まあね」。するとその子は「じゃあ食べな」とパンとソーセージを差し出した。ぼくは受け取るとゆっくり食べはじめた。「これからどこに住むつもりだよ？」「分からない」「おれの友だちにならないか？いろいろ教えてやるよ」。おいしい晩ご飯に夢中になっていたぼくは、よく考えもしないで「うん」と答えた。ぼくはゆっくり近づいてくる貨物列車の方に目をやった。突然気づいた。姉さんが乗っている！　姉さんがぼくを抱きしめるようす、キスを浴びせるようすをぼくは想像しはじめた。いや、姉さんはその列車にはいなかった。その時になって、ぼくは、今晩自分がひとりぼっちだということを思い出し、涙があふれて止まらなくなった。

「こら、線路から離れろ」と誰かの乱暴な叫び声がすると、目に見えない手がぼくを脇に突き飛ばした。その瞬間、ぼくのすぐそばを客車が通り過ぎていった。「おいおいビックリさせるなよ。機関車にばらばらにされたかと思ったよ」と言うと、例の男の子はぼくの袖をつかんで引っぱって行った。「ほら家だ」と突然ぼくの友だちは言った。［二人は古い納屋の床下に住み着いた。ここで話は途切れている。その後、少年はチェコスロバキア軍団と出会い、彼らのもとに身を寄せ、軍団と共にシベリアを横断し、プラハに辿り着いた。今に至るまで、姉は見つかっていない。母親は彼がまだ一歳の頃になくなり、父親も戦時中に行方不明になっていた。］(1)

◆モスクワがやや落ち着き始めると、市場には物が売られるようになってきたが、抑圧されていた市民の怒りの矛先は闇取引をする者に向けられ、幼い少女が目にするにはあまりに凄惨な事件がおきる。その光景を記憶の奥から引きずり出して書いている辛さは想像に余りある。

（プラハ・ロシア語ギムナジウム三年女子）

あの頃からもう何年もたった。全てがどんなふうに始まったのか、私はもうほとんど覚えていない。通りから通りへとコサック兵たちが走り回っていたこと、通りをさえぎって陸軍幼年学校の生徒たちのバリケードがあったことしか覚えていない。銃撃のためいつもガラスが震えていた。外出することはほとんどなかった。

ある時知り合いのところに行くには行けたが、そこに泊まらなくてはいけなくなった。そこの路地に赤軍兵士がおそろしくたくさんいて、通行人を止め、すべてを取り上げていたからだ。次の日、コサック兵と幼年学校生とのあいだに銃撃戦が起こり、ものすごくたくさんのけが人と死人が出た。次の日にお葬式があった。曇った陰気な日だった。葬送行進曲が演奏されていた。棺桶は赤い布で包まれていた。こうしたことを見るのは、ひどく辛かった。たくさんの人が泣いていた、たぶん親せきの人たちだった。

その後すこし落ち着いて、銃撃もそんなにしょっちゅうは起こらなくなった。町は活気を取り戻し始めた。スハレフカにパンなどいろんな食料を売るお百姓さんが現れるようになった。どの店にも長い行列ができていた。中には泊まりがけで来る人たちもいて、枕と毛布とやかんを持ち込んでいた。食料品店やいくつもの住民委員会、非常委員会などいろんな委員会ができた。明らかなヤミ取引はみな一般市民によって裁判されることが宣言された。これは「自主裁判」と呼ばれていた。

ある時、そんな自主裁判《リンチ》を見るはめになったことがある。決められた値段よりも高くミルクを売ろうとした人がつかまったのだ。警官が駆けつけ、人だかりができた。人びとは払い戻しを求めた。しかし、つかまった男は、なんとか振り切って逃げ出した。群衆が追いかけ、追いついて手当たり次第そこにあったもので男をなぐり始め、間もなく泥と服の切れっぱしがまざった血まみれのかたまりだけが残った。ほかにも恐ろしい出来事がいろいろあったが、全部をすぐに思い出すことはできない。

最後にやっと出国の許可がもらえ、私たちがここに住むようになって五年目になる。

◆この作文はプラハに到着したところから始まる。したがってカオスと化したモスクワの様子は直接的には描かれない。それどころかスロバキアに移ってからの牧歌的な生活が実に楽しそうに語られる。しかし父、兄、姉の消息はわからず、親戚たちの悲惨な情報だけが届く。

エレーナ・ボオム(モラフスカー・トシェボバー・ロシア語ギムナジウム四年女子)

一九一八年、私はロシアからプラハに来た。新しいやり方で新年を迎えた。冬のシベリアにいるような耳当て付きの毛皮の帽子、毛皮のコートと、オーバーシューズを身に着けた私たちは、すぐに群衆の注目を浴びた。そのころ私は今よりもずっと背が低かったので、毛皮のコートを着た姿はのろまな小熊のようだった。叔父の屋敷で私は皆の嘲笑の的だった。こちらの言葉を一つも知らなかったので、ドイツ語とごっちゃにした変な発音をしたし、時刻を聞いたり、水が欲しいと言ったりするときには、身振り手振りで物わかりの悪いチェコ人たちに説明しようとした。もちろん努力したおかげでチェコ語を話し、理解できるようになったけれど、それには長い時間が必要だった。

プラハで三カ月過ごしたのち、スロバキアに移って二年暮らした。そこで私は誰に監督されることもなく野の花のように育った。一人で一日中、リンゴ園に入り込んだり、イチゴを摘みに森に行ったり、小川で――正確には、うちの屋敷のすぐ裏手を流れているかなり広い流れで――水遊びをしたりして過ごした。朝五時ごろに森に出かけ、帰ってくるのは八時ごろで、疲れ切り、お腹を空かせ、それでもやはり楽しくてたまらず、まっ黒に日焼けし、バケツ一杯の野イチゴを持ち帰った。軽い朝ごはんのあとすぐに小川に行き、喜んで暖かい水につかり、鴨やガチョウを追い回した。鴨たちは私が来るまでは滑らかな川面を安心して泳いでいたが、今や大きな叫び声をあげながら、てんでに飛んで逃げて行くのだった。冷たい水は私を再び元気にし、植物のとげで切ったり、引っ掻き傷ができたりした裸足の足にもう痛みは覚えず、私は厩《うまや》の馬のところや家畜小屋に飛んでいき、豚を眺め、また庭に戻るのだった。

二年間があっという間に過ぎ去った。再びプラハに引っ越すことになった。私たちが借りた小さなアパートは大通りからそう遠くないプラハの中心地にあった。ここで生活していた頃が一番大変で、ロシアにいるパパからは何の音沙汰もなく、大好きな兄さんや姉さんが生きているのかどうかも心配だった。それから私はドイツ系の学校に預けられた。でも勉強にならなかった。ドイツ語が分からないので疲れ切ってしまった。

やがて、親類の多くが銃弾に撃たれ、大好きな叔父さんが発狂したという知らせが届いた。父も兄も姉も生きてはいないということをもう疑ってはいなかったが、突然、一九二一年の二月二十日、パパから初めて手紙が届いた。みなひどく飢えているけれども、ありがたいことにみな生きていて元気だ、と書いてあった。胸が幸せでいっぱいになり、父たちのことがひどく恋しく、凶暴な野生動物のようになって部屋から部屋を走り回った。でも人生は自分だけでたくさん勉強することを許してはくれなかった。これは私の人生でもっともひどい時期で、年をとっても私を身震いさせることだろう。

それから私はギムナジウムに入り、今もここで学んでいる。

◆革命後の混沌は学校教育にも影を落とした。もっともこの作文ではそれが確信犯的に飄々と語られている。ロシア語の古い正書法を知っている読者なら思わず笑ってしまうに違いない。古い正書法では、日本語の「え」と「ゑ」のように発音が同じ文字《ѣ》と《e》を使いわけなくてはならなかったし、語末の子音字のあとに硬音記号（ъ）を書いていた。それが支配者の交替の度に教育方針が変わり、サバリエフ君はロシア語かウクライナ語か、ロシア語でも新しい正書法を使うのか旧正書法を使うのかよく分からなくなってしまったらしい。

B・サバリエフ（ゼムン全露都市同盟実科学校二年生男子）

ロシアにとって困難な月が、つまり革命がやって来た時、ぼくはまだとても小さかった。オデッサに住み、パパは第十四歩兵連隊の大尉だった。赤旗を持った労働者たちがオデッサの通りを歩いていたのを今もはっきり覚えている。将校はみな肩章をはずし、曹長や兵卒は将校に敬礼をしなかった。パパとママは、ぼくが乳母と通りを散歩することを許してくれなかった。ぼくはもう何でも理解できるくらい大きかったから、変だと思った。一ヶ月後、通りでたたかいが始まり、反革命《ガイダ》騎兵《マキ》と、水兵、労働者、そして将校たちが来て、装甲車や馬に乗って走り回り、あちこちの街角に機関銃をもった男の人が立っていた。何かを買いに行きたくても、それはとてもむずかしかった。それでもぼくはギムナジウムの予科に通っていた。しかしウクライナ人が勝つと、ギムナジウムに「ウクライナ語で」勉強しろという命令が出た。でも一週間後にボリシェビキが来て、ぼくたちは「ヤーチ」〔ѣ〕という文字と「硬音記号」〔ъ〕を使わずに書かなくてはいけなくなった。この政権は長持ちしないで、その後オーストリア人が来た。どの政権も次から次と前の決めごとを変えるので、ぼくたちはギムナジウムで「ъ」をつける書き方を習ったり、つけない書き方を習ったりした。でも、とうとう義勇軍〔白軍〕が来て「ъ」が勝利を収めた。正書法のこうした交替はぼくにとても強い影響を与えたので、義勇軍が来るころには〔母音字の〕「a」の後ろにも硬音記号をつけるようになっていた。

　だがまたボリシェビキが来て、オデッサ市の通りでおそろしい戦いが始まり、よろい戸も開けられなくなり、色んな党派の兵隊の死体が舗装された道路を汚した。ぼくたちは泣きながら白軍の兵士とパパを見送った。ぼくたちのオデッサ第四ギムナジウムではまる一ヶ月授業がなかった。ボリシェビキといっしょに銃殺もやって来た。ぼくたちのオデッサでは恐ろしいほどたくさんの人が銃殺された。ぼくたちは反革命取締非常委員会《チェーカー》のそばに住んでいた。それはオデッサの非常委員会で、ものすごくたくさん銃殺した。銃殺は週に三度、木曜と土曜と月曜にあった。朝、市場に物を売りに行くとき、舗装道路に長い長い帯のような血だまりがあって、それを犬がなめているのを見たことがある。

　それにしても、ぼくはぼくの正書法〔のまちがい〕を読者にとても申し訳なく思う。

ぼくは寒さと飢えと、ママを心配する恐怖を味わった。ママはいつ捕まって銃殺されてもおかしくなかった。
一九二〇年、ロシアに恐ろしい飢饉があった。アメリカ救援機関が援助を始めた一九二一年に、やっとセルビアに行っていたパパから知らせを受け取った。ぼくたちは物品や食料品の小包を受け取るようになった。ママはパスポートを手に入れようと走り回り、一年後にもらえた。荷物の検査が終わって、船に乗ったときは、最高に幸せな日が来たように思ったが、今なら大よろこびでロシアに帰るだろう。ただしそれはソビエト・ロシアではなく一つのロシア、統一されたロシアなので、さしあたりはこの希望をたよりに生きていこうと思う。

◆現在のウクライナのドニプロ市付近が舞台。重税に苦しむ農民が反乱を起こし、役場を襲撃した。するとそれに対する弾圧が強まり、密告、盗み、殺人が蔓延する。そして政権の交代が何度も繰り返される。そんな故郷を筆者は去る決心をする。

（プラハ・ロシア語ギムナジウム三年男子、一九〇八年八月七日生まれ）

エカテリノスラフ市の近くのカメンスコエ村に住んでいた頃に、革命が始まった。ある晴れた朝、行軍して行く兵隊たちを見物するため、みんなが通りに出た。兵隊たちは、三色旗がひるがえっている役場の前で止まった。将校の一人が兵隊にその旗をおろして、かわりに赤旗をあげるように命令した。取り払われた三色旗は一人の兵隊の馬の尻尾にくくりつけられた。その騎兵は旗をくっつけたまま村中を走り回ったにちがいない。ボリシェビキの到着からかなり長い時間がたち、暮らしはふたたび前のようになった。

ある時、僕たちは村役場の様子に驚いた。建物の上にはもう赤旗はなく、いつもの歩哨もいない。窓のガラスが割られていた。人頭税をたくさん取られていた農民たちが反乱を起こし、夜中に役場を襲って略奪し、コミッサールたちをとっ捕まえると、重要書類といっしょに連れ去ったということだった。電話連絡を受けて町から騎兵部隊が駆けつけ、暴徒の捜索に向かった。一方キエフから新しい幹部が派遣されてきて、民衆の扱いがもっとひどくなった。罪のない人びとが逮捕され始めた。腹が立ったからと、あるいははっきり憎しみから密告する人が現れた。密告された人は捕まると、有罪か無罪か尋問されることもなく投獄された。しょっちゅう強盗が出るようになった。工場では給料が少ししか払われなくなったので、工員たちは釘や銅線を盗んでは、いろんな中古品が売られている市場に持ち込んだ。そんな市場は「がらくた市」と呼ばれていた。「がらくた市」では変装した警官が巡回していて、国有財産を売っている人を逮捕した。有無を言わさぬ手入れも行われた。一群の兵隊たちが市場を包囲し、ほかの兵隊たちが売り手の一人ひとりを調べて、何か自分たちの気に入らない物を売っていたら逮捕した。

僕たちが誰の支配も受けていない時期も何度かあったが、強盗と殺人がいっそう多くなった。まる一ヶ月の間、政権がころころ変わり、ある時はボリシェビキ、ある時はペトリューラ派、ある時はマフノ派などが支配したことがあった。

一九二〇年になるとみんな国を出はじめた。僕たちも家財を売り払い、自分たちのお金でロシアから出た。

◆巡査だった父親が逮捕され行方不明になり、ひとり残された少年。食べることもままならず、モスクワを離れ祖父のところに行くが、そこも安住の地ではなく、旅に出て働くことを余儀なくされる。そんな彼を英語学校に導いたのは、「勉強したい」という強い気持ちだった。

テクストフ（エレンキョイ男子英語学校五年男子）

ヨーロッパの戦争が始まった時、僕はモスクワの学校に通っていた。戦争が終わる頃、第三学年が終わろうとしていた。もう政党票が配られるようになっていて、そこに自分が何者で、どの党、どの人を支持するか書かなくてはならなかった。父さんは巡査だったが、政党票にどう書いていたのだろう、僕は知らない。革命が始まると、巡査はみんなつかまえられて、牢屋に入れられた。たくさんの人が人民に殺されたが、その人民のほとんどが釈放された泥棒や強盗だった。巡査が配置についていなかったから、巡査は前線に送られたとみんな言うようになった。

まだ小さかった僕はモスクワにひとり残され、ギムナジウムも閉鎖された。パンは貴重になり、配給される量は減る一方だった。最初は半フント〔約二百グラム〕だったのが四分の一フントに、その後は八分の一になった。行列に並ぶようになったが、パンをもらえない人がたくさん出たので、誰もが先を争って前に並ぼうとした。配給券を握りしめ、震えながら立ちんぼをしたけれど、パンをもらえなかったことがある。朝の四時に起きていたのに。その後、夜が明ける頃には二百人も並ぶようになった。行列は路地に入り込むほどで、しっぽが見えなかった。

こうしてさんざん苦労した挙げ句、僕はモスクワから六十五キロほどのところにある村に引っ越した。そこのおじいさんの家で仕事しながら暮らした。村では学校の授業が行われていて、僕は第四学年を終えるためそこに通った。工場はすでに閉まっていた。なぜなら持ち主が殺されたからだ。しかし、その後再開された。工員たちは現物を支給された。つまり更紗などの布地で、それを持って麦がよくとれる町に行き、パンと交換した。なぜなら彼らのところではもう布地が手に入らなくなっていたからだ。それにモスクワ県では、じゃがいも、人参、キャベツ、きゅうりはよくとれたが、ライ麦はあまりできず、何より農民ひとりひとりがちょっとの土地しか持っていなかったのが問題だった。うちのおじいさんのところには馬と雌牛が一頭ずつ、羊と鶏が何匹かいるから、金持ち扱いされていたけれど、おじいさんも食べ物がなくて苦労していた。なぜならおじいさんの息子は言葉が不自由で乗り物に乗れなかったからで、かわりにおばさんたちが働きに行かなければならなかった。そこである日、おじいさんは僕に、お前もおばさんたちと出かけて誰かのところで働いてこいと言った。僕はうんと言った。とうとう待ちに待った日が来た。おばさんたちと駅まで歩いて行くと、何分かしたら汽車も来た。びっくりするぐらい混んでいて、客車や暖房付きの貨車だけでなく、ステップや屋根にも人がいた。一九一八年一月のことだった。前から二両目の客車に乗って出発したが、寒かった。ふたりの人にはさまれ前かがみになったまま寝込んでしまったけど、コロムナではひどい寒さで目が覚め、客車を降りて走り回らなくちゃいけなかった。発車ベルが鳴っているのに乗り遅れそうになった僕は、客車のデッキにしがみつき、そのあとはい上がった。真夜中で寒くて、火花のような石炭の粉が機関車から僕らに向かって飛んできた。一晩中寝つけなかった。そこいら中で、屋根の上でも足踏みをする音がしたが、そんなことをしてもろくな服を着ていないのだから無駄だった。

リャザンに着いた時はものすごくうれしかった。駅にはたくさん人がいて、商売人たちが食べ物を売っていた。お日さまが出ていた。ここで乗りかえなくちゃいけない。おばさんたちに水を汲みにやらされた。長いことさがし歩いてやっと見つけたが、行列しなくちゃいけなかった。少なくとも二時間は待った。戻ってみると、何てことだ。そこいら中いくら探し回ってもおばさんたちが見つからない。その時からひとり旅が始まった。

リャザンではめちゃくちゃお腹がすいて、どっちへ行けばいいのか、戻るべきか、先に進むべきか、左に行くべきか、ぜんぜん分からなかった。そこで運まかせに行くことにし、着いた所にしばらくいることにした。リャザンで《マキシム》（貨物列車のあだ名だ）に乗った。だいたい六十キログぐらい乗って降りた。お金を持っていなかったから、村をあちこち歩き回らなくちゃいけなかった。三ヶ月ぶりに黒パンをちょっとだけ食べた。田舎では小麦粉にじゃがいもをまぜ、しかもたいてい塩なしで丸パンを焼くからだ。食べ物を集め終わると、僕は駅に向かった。最初の汽車は込んでいて乗れなかったが、二本目の汽車の客車の下の箱にもぐり込めた。あったかかったけどこわかった。落ちてしまうのではとずっと心配だったのに、寝不足のせいで僕は寝込んでしまった。汽車が長いこと走っていたのかちょっとだけだったのか分からない。目が覚めたら夕方だった。途中は、チョルナヤ、イニツァ、スィズラニ、シンビリスク以外覚えてない。その四つの駅では何も事件が起こらなかった。

スィズラニに着くと、リャザンの田舎から来た農民に連れられて村に行き、その人の所で三日働いたが、その村の文書係が僕の雇い人に、身分証明書のない者を雇ってはいけないと言った。僕はそんなものを持っていなかった。さらにジョグリまで歩かなくちゃならず、そこのお百姓のところで十ヶ月働いた。その人はえらい金持ちで、納屋には二百プード〔三千三百キロ〕以上のライ麦があったが、ボリシェビキが没収した。一プード〔約十六キロ〕四十五ルーブルしか払わずにだ。そんな金では一歳の牡馬も羊も買えなかった。まだ僕が働いていた時、もう一度穀物を全部取り上げられたけれど、そのかわり納屋の床下にかくしていた小麦粉は守った。このあと農民はみんな自家用にしか種を蒔《ま》かなくなった。それさえできない人がたくさんいた。種が残っていなかったのだ。物価がみんな上がった。仕事は工場だけじゃなく、農家にもなかった。勉強はできない。そう悟った僕は外国に出た。戻ろうなんて、今までちょっとでも考えたことはない。それを考えるのが僕はこわい。

◆多くの子どもたちが書いているが、二月革命直後は新しいことに対する期待があった。ウクライナで暮らしていたらしいこの少女も大人たちのそんな気分に感染していたが、やがて起こったのはユダヤ人虐殺、ボリシェビキたちによる弾圧、そして自分たちを解放してくれると信じていた白軍の将軍の残虐行為。白軍も赤軍も信じられず、逃げ出す農民。そんな絶望的な出来事を九才の少女が見ていた。

（プラハ・ロシア語ギムナジウム四年女子、一九〇八年一月十三日生まれ）

革命の最初の日を覚えている。朝から町には興奮が感じられた。人びとは、政治集会が開かれることになっている広場を目指していた。当時の私は、この日のもつ意味をはっきりとは分かっていなかったが、何か新しい空気、よろこばしい雰囲気が感じられて、私自身もこのよろこびと期待に、輝かしいことがこの先に待っているだろうという期待に、知らず知らず感染しかけていた。うちのアパートでは、ひっきりなしに議論が戦わされていた。これは全て子どものオモチャのようなもので長くはもたない、と皮肉を込めて語る人々がいる一方で、これは偉大な事業だと弁護し、それがただのオモチャなどということはないし、これからもただのオモチャになることなんかあり得ないと信じる人々がいた。

その後、ユダヤ人虐殺《ポグロム》が始まった。なぜか残酷になり、他人の不幸を喜ぶようになった人びとは、お店のウィンドウを割り、盗めるものなら何でも盗んだ。こうした時にもひょんなことから言い争いが起こり、最後は殴り合いになることがしばしばあった。その後、どうしてなのか、そっと気づかれないようにボリシェビキが接近してくると、すぐにいろいろ食糧委員会だのソ連人民委員会議だのが始まった。家宅捜索、略奪、銃殺が始まったが、まだそんなにひどくはなかった。最後に、インテリはブルジョワだと言われて、だんだんと迫害と弾圧を受けるようになった。うちでは家財道具をいつでも持ち出せるように荷造りし、貴金属はわざと汚れて見えるようにした。反革命派は相手の失敗をよろこんだ。革命の支持者たちは鳴りをひそめた。民衆もおとなしくなった。あちこちから「いまいましいボリシェビキ」に対する不平や、まもなく「味方」がやって来るという知らせをうれしげに伝える声が聞こえてきた。

そして遂にある日の深夜、うなるような遠い銃声が聞こえた。みんなぴりぴりしていた。うちに隠れていた将校たちは、忌々《いまいま》しげともうれしげともつかぬ表情で歩き回り、出発の準備をしていた。まる一週間、銃撃戦が続いた。白軍が近づいていた。銃弾が街の上空を飛び交っていた。赤軍は退却していた。慌てふためいた彼らが残していった書類や議事録が道ばたで見つかった。翌日、ポクロフスキー将軍が部隊を率いて街に入り、パンと塩で歓迎された。

しかし、待望久しかった白軍も、あんなに期待していた平穏をもたらしてはくれなかった。ポクロフスキー将軍は市の中心をぐるりと線で囲み、この線の外側にいる者はみなボリシェビキの支持者だとして、一人残らず銃殺するように命令した。長らく「自分たちの味方」を待ち続けていた罪なき人々が三日かけて皆殺しにされてしまった！　一方、この線の内側にいた「味方」の人たちは酒盛りとトランプ遊びに夜昼なく明け暮れていた。

四日目に突然、激しい砲撃がまた聞こえた。ポクロフスキー将軍は、市場のたつ広場に二人の「敵」を吊したまま、そそくさと支度を済ますと町を出た。二人の「敵」は、赤軍がやって来るまで吊されたままだった。赤軍はなぜか疲れ切った様子でおずおずと、まるで鎮圧された軍勢のように町に入って来た。家宅捜索に来ても、もしそこに誰か隠れていたらと、家の中に入るのを怖がった。銃殺が再開され、それが何度も何度も繰り返された。哀れな民衆は、どこに逃げてよいのか分からなかった。民衆のことを白軍は赤軍と、赤軍は白軍と考えていた。人々は少しずつ森に逃げ込みはじめ、後に新しい部隊ゼリョーヌイ軍〔ダニール・テルピーロ、通称「アタマン・ゼリョーヌイ」が指揮する農民パルチザン〕が組織された。しかし、ボリシェビキたちも長く持ちこたえることはできなかった。三日後にふたたび白軍が町に入り、間髪を入れず機関銃を携えて市街に向かい、行き会う男をその場で銃殺していった。最後には、すべてが少しは落ち着いたが、戒厳令は依然として解除されなかった。

これら全ての出来事に、私はほとんど無関係だった。だが、この頃までに兄が出征していた。そのため私は戦争に興味をもって注目するようになったのだった。

◆二月革命について、ギムナジウムの少年たちも熱い議論を戦わせ、多くの者は「革命を守る」側を支持していた。だが十月革命ののちにはボリシェビキによる弾圧を受け、少年たちは義勇軍に入隊し、意気揚々と前線に向かう。戦闘に加われることの高揚感と、銃後の人たちを護っているという満足感。作文はそれ以上のことを伝えていないが、その後の自分たちの運命を、本人も私たちも知っている。

「内戦の頃の思い出」(シュメン・ロシア語ギムナジウム八年男子、二十三歳)

一九一七年二月末に、地方都市ではこれから起ころうとしている出来事について、最初の知らせを受けとった。当初、すべての噂は「ここだけの話だけど」と、何かをはばかるようにしながら伝えられた。しかし『南部地方』紙に記事が掲載されると、人々は自分の見解を公然と口にするようになった。当時、私はギムナジウムの五年生に在学していた。同級生に読書家で博識なユダヤ人がいた。私たちはギムナジウムで第一印象を語り合った。いつも通り五年生のほとんど全員が議論に加わったが、特にそのユダヤ人の生徒がしばしば、しかも当を得た発言をした――彼は外国語の単語をたくさん使い、私には理解できない単語も交じっていた。どの議論も、今回起こったことは偉大な出来事であり、我々はそれを歓迎すべきであり、支持しなくてはならないといった結論に落ち着くのが常だった。ある時などは、私たちの学年から臨時政府宛に「信任」を表明する電報を送ることまでした（おそらく、宛先に届くことはなかっただろう）。これらの日々を私たちは歓喜の中、何より議論をすることで過ごした。

学年が終わり、生徒はそれぞれ自宅に帰っていった。新学年が始まるともう別の話が耳に入ってきた。実は、そうした噂話はごくわずかしかなかったのだが、書き留める価値はある。コルニーロフ将軍が臨時政府と対立しているというのだ。この噂は絶えず議論の的になっていた。その頃になるともう、何らかの分裂に気づかずにはいられなかった。臨時政府に対する不満を表明する生徒も何人かいたが、大多数は以前通り「革命を守る」側についていた。

だが、ボリシェビキの活動についての情報がますます新聞紙上をにぎわすようになる。とはいえ、ボリシェビキが私たちの町に現れるかも知れないとまでは考えなかった。冬が過ぎようとしていた。早春、酔っ払った赤軍部隊が現れ、我が物顔にのさばり始めた。市のコミッサールにユダヤ人が任命されたことが、住民たちの不満に油を注いだ。しかし、ボリシェビキはその滞在中に名士数人を銃殺する時間こそあったが、長く町にとどまることはなかった。

砲声が聞こえるようになった。市中のボリシェビキは目に見えて動揺していた。数日後にはドイツ軍が市内に入った。この解放者たちを市民は歓迎した。生活は再びいつも通りに流れ出した。ドン地方に赴き、そこから祖国救済の事業を始めようと若者たちに訴える最初のメッセージが貼り出された。駅では毎日ドンに向かう将校たちの姿を見かけた。

秋が訪れると、暗雲とともにボリシェビキが再接近しているという知らせが重く垂れ込めた。住民の多くは制裁を恐れて町から逃げ出した。

冬、町は再びボリシェビキに占領された。以前にもまして過酷なやり方でもって。同じことの繰り返しで、逮捕などが始まった。市民の気分は筆舌に尽くしがたい。誰もが義勇軍〔白軍〕からの――当時、向かうところ敵なしの勢いで攻勢に出ていた義勇軍からの救いの手を期待していた。ボリシェビキは志願兵を募ったが、応じる者はほとんどなかった。ちょうどこの頃、ギムナジウムの八学年を廃止するとの法令が発布された。私は七年に在学中だったので、新法によれば、卒業を控えていることになる。人民教育委員会のコミッサールは、私たち（彼の言い方によれば「赤い進学者たち」）に軍学校に入るよう求めたが、みんな黙り込んだまま、そっと目を合わさないようにしていた。それぞれの胸のうちに、もうすぐ義勇軍がやって来るのではないのか、自分たちもその隊列に加わることができるのではないのか、という期待があったのだ。

六月、義勇軍の最初の部隊が市内にはいった。彼らを迎えた時の熱狂ぶりを描写することなどできるものではない。誰もがすぐに入隊を希望するようになった。義勇軍への入隊は最高の名誉だと考えられていた。ギムナジウムから五十人が去り、そのまま一小隊が編成された。小隊を指揮したのは、やはり入隊した私たちの先生だった。数日後、すでに軍服姿の私たちは前線に送られた。飾り立てられた駅には、かつてないほど多くの人々が集まっていた。いくつかの演説と祈禱のあと、列車は出発した。

夕方にはもう前線近くにいた。銃声が聞こえていた。深夜には前線部隊に加わるはずだった。誰ひとりとして、この最初の進軍の時ほど自分が幸せだと感じたことはかつてなかった。片時も集中が途切れることなく、言葉数は少なかった。各々が自らの偉大さを自覚しつつ、あと数か月もたてば、今と同じように、今度はモスクワ付近を進軍していることだろうと想像していた。早朝、指定された部隊に着くと、すぐに前哨隊に派遣された。初めて哨所で立ち話をしながら、何人かの人の平安を守っているのだと、銃後で人々は穏やかに眠りにつき、一週間絶えることなくこの地で続いた戦闘の疲れを癒やすことができるのだと、思えることの何という素晴らしさ。この日私たちは、連隊の戦闘に参加することにより戦いの洗礼を受けた。友だちの一人が腕を負傷した。同僚の気遣いに囲まれ、まずは診療所に、その後さらに治療のため私たちの町に後送された。

前線に着いて三週間がたった。この間、諸事に慣れ、かなりの距離を前進した。暇ができるや、私たちは腰をおろして食事を取り、書き物に取りかかるのだった。そこに自分たちの経験や印象を書いていたのだが、前進するつれ、すぐに書き留めることがいよいよ難しくなってきた。ちょうどその頃、私たちの先生が――小隊を指揮していたあの先生が負傷した。ギムナジウム時代に愛した人との別れは――ここに来てなお一層好きになった人との別れはつらかった。前線でつらい思いをしていた時も、その勇気でもって私たちの心を鼓舞してくれた。先生は強い意志の持ち主だが、さすがに私たちとの別れに心を動かされずにいられなかった。立ち去る時、先生は感動を押し殺そうとしながら、すぐに戻って来ると約束した。

新しい将校が小隊長に任命された。私たちは彼のことも好きになった。おおよそこの頃、生徒は学業を続けるために帰還しても良いとのとの指令を受けとった。新任の隊長は、祖国のために奉公するにはまだ若すぎるからと言い聞かせるようにして、私たちに除隊を勧めた。九月初め、私たちは故郷の町に帰った。ここではもう自分たちの「身分」にふさわしい行動を取るようになっていた。大半の時間がおしゃべりと思い出話に費やされ、勉強する時間はほとんどなかった。授業をサボりがちな上に、この頃ふたたびボリシェビキが攻めてきて、再び町を引き渡すことになりかねないという噂が暗雲のように立ちこめていた。その噂は、私たちはもちろんそれ以上に両親たちに強いショックを与えた。十二月の末、書類を受けとると再び私たちは、傷の癒えた隊長先生に加えてさらに数人の教師とともに町を出発した。

◆決して裕福ではないが強い向学心を持つ少年の夢を革命は打ち砕く。彼は護らねばならない家族を捨て、生きるため軍隊に入る。だが学業を続けることを諦め切れず外国に出たが、そこにも障害が立ちはだかっていた。なお彼がロシアで通っていた高等小学校は、ギムナジウムとはちがって、大学進学を前提としない教育機関だった。

ピョートル・ボガエフスキー（プラハ・ロシア語ギムナジウム四年男子、一九〇四年九月十日生まれ）

一九一七年まで私はパパとママの保護のもと、高等小学校で勉強しながら、心の中で将来は学識豊かなインテリになることを夢見、もっと先に行こうと努力していた。しかし、そううまくは行かなかった。ロシアにクーデターが、つまり革命が起こり、続いて始まった内戦が私の夢の実現を妨げ、素晴らしいこと、明るいことだけに向けられていた私の夢をすべて打ち砕いてしまった。政治に興味を持てない私は、ロシアでなされていることについてほとんど何の意味も見い出せぬまま、働きながら以前と同じように勉強していた。私の目標はただ一つ、勉強することだったから。こんな困難な状況で私は父と母を手助けしようと努力し、何くれとなく家の用事を手伝った。

故郷の町で戦闘があったちょうどその頃、パパが家を出なければならなくなり、長男としての私の前に困難な仕事が待ち受けていた。第一に、母と弟たち、妹たちを守ることが私の義務だった。みんな大きな危険に脅かされていたのだから。私たちは焼け出され、寒空のもと路頭に迷い、家族全員のたれ死にしかねない状態だった。私はまだ未成年で体力もなかったが、それでもこの困難な時期に働いてかけがえのない弟たちや妹たちを、さらには年老いた母を守ろうとした。しかし、もう家にとどまることができなくなった時、私は破滅から逃れるための場所を自分のために見つけ出さねばならないと悟った。自分には武器を手にすることなどできないと感じながらも、射撃とライフルの扱い方を身につけるだけだからと自分に言い聞かせ、ある軍隊に入った。そんなふうにして父母と弟たち、妹たちを見捨てた私は、自分にとってより良い物を探し求めるために家を出た。親兄弟のその後については、彼らに何があり、いまどこにいるのか、今なお何も知らない。もう死んだかも知れないし、運良く助かり、新しいロシアで今流の暮らしをしているのかも知れない。

軍隊でひどい苦労をした後、負傷した私は除隊して、国を出た。その後はもう出征したことを罵り、自分に腹を立て続けた。だが、今はもちろん自分を正当化している。あの頃、自分が何をしているのか自覚していなかったのだと。当時の私は、何の信条も持たず、政治にはまるでうとくて、戦うため、苦しむため、自分の同胞を殺すために、行けと言われたところに言われるままに向かっていた。今は、自分が何かをしたか分かっていて、信念も理念ももっており、未来に対して慎重になるよう自らを律している。苦い経験から学んで、人生を理解できるようになった。

そんなわけで、私は外国で新しい人間になった。あのような悩みと苦しみから癒やされた私は、もう一度幸福を探し求めようと、学業を続ける決心をした。しかし、最初のコンスタンティノープルでも、その後のブルガリアでも、私は生活の基礎を固め、学ぶことがうまくできなかった。いちばんの妨げになったのは、ロシア人の公共団体すべてのトップにおさまっている知識人グループの考え方だった。年をとりすぎているからなどの理由で、私が学校で学べるよう取り計らうことを彼らは望まなかった。要するに、大きな困難だらけだった。しかし、私はどんな障害も深刻に受け止めぬようにし、気落ちすることなく自分の考えを貫こうとした。学業こそ自分の義務だと考えていた。しかも、さまざまな事情により、勉学に励むこと、素晴らしいことや明るいことを探究し、将来、自分の知識を新しいロシアのために役立てることを己が使命と考えたのだ。

そんなふうに、最初は鉄条網に囲まれた中で、害虫やありとあらゆる病気のために、とりわけ飢えのために何千人もの人が死にかけたサン・ステファノ〔コンスタンティノープル西方の村、現在のイェシルキョイ〕の難民キャンプで多くの苦しみを味わった後、私は明るい道を踏み出した。つらい生活から解放された私は、移住の際に必要なものを持っていないにもかかわらず、新しい国に向かってチェコスロバキアに辿り着き、この地で自分の目的を、すべての夢を実現した。いま私は心穏やかに中断した勉強を続けている。

◆この章の最後の作文では、おそらくは自身が体験したことが、他者から伝聞したことであるかのような虚構の設定で語られ、完成した短編小説の様相を呈している。そこにはある帝国軍部隊で、一人の扇動者によって、尊敬すべき将校に憎しみと暴力が加えられる様が綿密な心理描写と共に描き出されている。

「ガリポリで秋の夜長に同僚から聞かされた一九一七年の前線の生活についてのある物語」
（シュメン・ロシア語ギムナジウム七年男子、二十歳）

その話し手には詩才がないわけではなかったので、おおよそ次のように語り出した。

もうすっかり春めいて、長い冬の覆いの下で眠っていた大地も春の息吹で甦ろうとしていた。靄《もや》の中でまどろんでいた森も白い綿毛に薄く覆われていた。小枝の一本一本、目覚めた草の一本一本が貪欲に太陽を求めて背伸びしていた。美声のヒバリはその春の賛歌を歌い始めていた。

森のはずれに沿って黒く弓なりに塹壕がのびている。ここで三年間、家庭から引き離された人々が来る日も来る日も長い十字架の道行き〔十字架を担わされたキリストがゴルゴダの丘まで歩かされる場面〕のような苦難をなめたのだった。生気をもたらす春の息吹が彼らにもたらしたのは、魅惑的な美しさだけではない。故郷の土地を思って募る悲しみと、そして新たな予兆を感じさせた。その予兆は新しいと同時に魅惑的でもあり、多くを約束しているように思われた。

三年がたってみると、彼らの流した血は、ただ空しく流されただけであり、彼らが母国の祭壇に捧げた労苦が無意味だったことは明らかだった。彼らの灰色の脳髄に「全人類は兄弟だ」「ドイツ人は敵ではなく同胞だ」「彼らをこの戦いに送り込んだ者こそ真の敵だ」といった一見したところ純粋で真実味のある言葉を、大胆不敵にも吹き込む者たちが現れた。

自分たちの中隊長をその厳しさ故に恐れると同時に愛してもいた全ての兵士たちが苦しんでいたこの問題が、戦いが小止みになった時に議論された。若い兵士の一人、何でも知ったかぶりをしたがるユールキーは、その時起きていたことにどんな意味があるのかを他の兵士たちにことごとく説明してみせた。新たに押し寄せてきた自由と平等について語り、兵士たちが中隊長に敵意を抱くように煽った。新しい命令書によれば、中隊長にはもう敬礼を要求する権利はなく、今や兵士には義務に代わって権利があるなどと言って。徹頭徹尾デマゴーグ的な仕方で、ユールキーは中隊長を解任するよう兵士たちに訴えた。不満をあらわにしたそんな演説によって、各人が心の中でかつて味わった、実はどうということもなかった小さな侮辱が目を覚まし始めた。憎しみの感情が目覚めた。なぜか突然、みなは中隊長の心遣いや武勲を、彼が命を賭して部下たちを救ったことを忘れた。その時から皆は、中隊長に疑惑の目を向けるようになり、義務の遂行を呼びかける言葉を信じなくなった。中隊長は裏切り者だ、兵士たちに渡るべき金銭の一部を手許に残しているなどといった、執拗なデマが這い回り出した。他の部隊ではこんなことはない、今では全員平等であり、過失ゆえに処罰をうけることなどないと誰もが言うようになった。中隊長は嫌われ、避けられ出した。

二ヶ月ほどたって総攻撃が宣告された。中隊長は義務感に従い、部下を率いて戦闘に向かった。組織の態《てい》をなさなくなっていた中隊は持ちこたえられず、敗戦に終わる。多くの戦死者。総員からの不平。みなが隊長を非難する。激情が燃えさかり、抑制を失った集団は、喊声《かんせい》と怒号を発しつつ隊長に襲いかかって殺しにかかる……

新しい中隊長が任命された。兵士たちに活を入れるなどということは避け、全てを大目に見ることにして、彼らを「同志」と呼ぶ。放任された兵士はさらに悪くなった。以前の規律正しい兵士たちが、放埓きわまる飢えた烏合の衆と化した……

これを話してくれた同僚が伝えてくれたところによれば、私刑の一ヶ月後には、兵士たちの中から次のような言葉が聞かれるようになったという。「前の中隊長こそが正真正銘の中隊長だった。あの人の指揮下ではみな食べる物にも着る物にも不自由しなかった。懐具合ばかり気にしながら、俺たちに自由について甘ったるい話を歌って聞かせる今の中隊長なんかとは比べものにならない。前のお方が何かのことで処罰したとしても、それはお役目だからだ。一発活を入れてもらわにゃあ、あの兄弟ときたら、素行が豚以下になっていたにちがいない」。哨所での暖かい夏の夜には、掘っ立て小屋にぎゅうぎゅう詰めになり、自分たちが殺した隊長を暖かな愛を込めて思い出している兵士たちを見ることができた。以前の良い思い出すべてを懐かしんでいた。前中隊長指揮下の兵士たちの身なりがよくきちんとして満ち足りた様子だったこと、前中隊長が清廉で誠実だったこと、苦戦しながらも彼ら兵士たちを救った勇敢さのこと。

当時わたしの心に深く刻み込まれたこの物語も、こうして書き終え、読み返してみると、生彩を欠いているような気が自分でもする。時間の作用のためか、以前受けたショックが大き過ぎたのか、自分では分からない。

注

（1）これは『ロシア難民児童の回想』の編者カルツェフスキーによる注である。

第五章

子どもたちの見た内戦

サビツキー神父による神学の授業（1930 年、モラフスカー・トシェボバー）
Private collection of Anastazie Kopřivová

もっとも悲惨な体験が描かれているのが、内戦に焦点をあてた作文だ。内戦の主戦場となったウクライナがいかに複雑な情勢下にあったかも、ここにはうかがえる。

◆次の作文では機関銃の射手として参加した前線での戦闘の様子が事細かに描写されている。死馬の臭い。近づく敵軍。疲れのために眠り込んでしまう自分。叱りつける下士官。ソビエト軍に対する銃の乱射。だが戦闘後に彼が見たものは、心に突き刺さり、生涯消え去ることはないだろう。

（プラハ・ロシア語ギムナジウム、学年不詳）

それは明け方のことだった。味方の機関銃は前哨部隊にあった。今も昨日のことのようにはっきり覚えている。それは輝かしい時——胸の高鳴る輝かしい瞬間、必ずや祖国の敵を打倒できると確信していた時、偉大なロシアが目の前に立ち現れてきたかのように思われた瞬間だった。

自分は機関銃の一番射手だった。コサック小隊の下士官は、若いがかなり豪胆な人で、機関銃の前をぶらぶら歩き回りながら、夜の闇にじっと見入っていた。耐えがたいほど重苦しい雰囲気につつまれていた。この付近ではすでにまる一週間、戦闘が続いていた。死馬のむくろが腐り出し、悪臭が漂い始めていた。敵は近かった。自分たちはそのことを確信していた。移動する敵の輜重隊《しちょうたい》や火砲が遠くでたてる雑多な音が、敵の多さ、そして目前に迫ってきた朝に向け敵がどれほど真剣に準備しているかを証明していた。実戦経験があって戦況に敏感でもあるコサックの下士官は、あくせくと重機関銃を搭載した馬車の車輪に耳をくっつけたり、しゃがみ込んで暗闇に見入ったりし始めた。どこかずっと遠くの方でガチョウが鳴き出し、お通夜のような沈黙が訪れた。前の日のショックに疲れていた自分は、もうほとんど寝入っていた。突然、歯を食いしばって出したような囁《ささや》き声に我に返った。「前に何度も言っただろう。眠るな！　寝たら、この場で兎《うさぎ》のようにつかまってしまうぞ。容赦してくれんぞ。弾帯を準備して、両翼をよく見ていろ！」。上官の言葉と口調から、何かが目前に迫っていることを悟った。実際、すぐに馬のいななきと鼻嵐、馬具のガチャガチャ鳴る音が聞こえた。敵だと思った自分は一心に注意を集中した。ほらもうすぐ近くに、迫ってくる騎兵ひとりひとりのシルエットが見える。下士官は「撃ち方用意！」と命令した。しかし、自分の方にもっと近づいてきても、下士官はまだその騎兵たちが何者なのかを疑っていた。騎兵たちが、ほとんど自分たちの前に掘ってある溝まで来た時、下士官は大声で叫んだ。「止まれ！　誰だ？」。「Nソビエト分隊」と前衛の砲兵が叫んだ。「撃ち方始め！」と大声で命じられた自分は、間髪を入れず壊滅的な銃撃の火蓋を切った。「やめろ」「やめろ」と下士官が叫び始めた。しかし自分の耳にはほとんど何も入らず、銃口を左右に振りながら機関銃を撃ち続けた。彼らは悲鳴と呪いの声を上げながら、自分たちの方に突進しかけたが、正確でしかも予想外の銃撃に混乱し、死者と負傷者を残したまま大慌てで逃げ出した。

すでに夜が明けそめていた。涼しい東風が立ち、敵陣が見えるようになってきた。撃ち殺された馬の死体をもうはっきり見分けることができ、全てが見えた。突然、下士官が大声をあげた。「見ろよ！　見えるか？」。そっちの方に目をやると、二百歩ほどの距離のところにいる敵軍の看護婦の姿がはっきり見えた。彼女はふたりの負傷兵に包帯を巻いていた。「見えるか？」と下士官が尋ねてきた。「見えるであります」と答えた。「じゃあ、あの看護婦を撃て。必ず命中させろ」。近距離用の照準器を手に取ると、自分は撃ち、彼女は倒れた。朝になって友軍が進撃を始めると、自分と下士官はその近くまで行った。自分たちの前には、若い、ほとんど少女のような看護婦が横たわっていた。自分たちの姿を見つけると、聞こえるか聞こえないかのような声で囁いた。「後生だから助けて。まだ死にたくない」。

◆戦闘で負傷し、衛生列車で診療所に向かっていた青年は、治療設備も食糧もない分岐駅で足止めを喰らう。そしてその駅は墓場、いやそれ以上におぞましい地獄絵図の様相を呈していた。最後のエピソードがなかったならば、余りにも救いのないものになっていただろう。

「内戦の思い出」（シュメン・ロシア語ギムナジウム八年男子、二十三歳）

一九二〇年二月のロストフ〔ロストフ・ナ・ドヌーのこと。ロシア南西部の都市〕占領の際の戦闘で負傷し、肉体的にも精神的にもヘトヘトになっていた私たちは、衛生列車でエカテリノダール〔北カフカス西部の中心都市、現クラスノダール〕方面に後送されて入るところだった。分岐駅のクショフカまでの五十キロを急行列車はちょうど二十四時間かけて走った。ここからはもう遅れもなくエカテリノダールに送られて、それぞれ診療所に割りふられるのだろうと期待していた。だが何ということか、私たちの期待はシャボン玉のようにはじけた。看護婦長がトップとなっている後送班の幹部たちも（みんなすぐにその婦長を憎悪するようになった）、駅の輸送司令官も、誰ひとり私たちをどうしていいのか分からなかった。私たちの置かれた状態は空恐ろしいものだった。包帯は交換してもらえず、食事も与えられなかった。お金を出してさえ食糧の入手は困難をきわめた。しかし何よりおぞましく私たちの神経に障ったもの、何か食べられる物を探すためであっても、列車から出るのをできるだけ避けるように私たちを強いたもの――それは駅だった。

駅は墓場のような様相を呈していた。それほど死んだ者、ただ死を待つだけの者に溢れていた。すべての待合室、ビュッフェ、廊下は、横たわったままピクリともしない人体で埋め尽くされていた。権勢を誇るチフスは、毎日ここに何百人もの受難者を連れてきて、無慈悲な手でもって、腐って汚れた寄生虫だらけの藁《わら》の上に彼らを投げ出した。ここに辿り着いた人々はすでに死ぬ運命にあった。彼らを救えるのは奇蹟だけだった。たまに意味不明なうわごとで破られる不気味な静けさ死んだ者、まだ生きている者が入り交じって横たわっていた。譫妄《せんもう》が彼らの中に呼び起こした幻想の作用なのか、時折、まだ息のある者が隣の死者を抱きしめ、その両腕をほどかぬまま自分も一緒にあの世に去って行く。深夜の暗闇に末期のしゃがれ声と累々《るいるい》たる死体の上で運動会をしているネズミの鳴き声がするだけだった。毎朝、亡くなった人たちは運び出され、駅の小庭に山積みにされた。その後、いちばん近くの駅から何台か荷馬車が着く。一台に十体か十五体ずつ投げ込まれた死体を墓場まで運んでいく。

ある朝、たぶん私たちがクショフカに立ち往生して四日目だっただろうか、M大尉と牛乳をもらいに出かけた時のことだ。駅の横を通っていて、あずまやの回りに積み上げられていた死体の山から私たちの所まで届く弱々しいうめき声に思わず足を止めた。近寄ってみると、うめき声はよりはっきりした。「生きているのに死人と一緒に積まれたんだ」。そんな考えが二人の頭をよぎった。申し合わせた訳でもないのに、私たちは死者を一人、また一人と地面に投げ落とし始めた。ほとんどいちばん下でうめき声を上げている、まだ子供で、たぶん十七歳くらいの士官学校生を見つけた。まだ生きていた。意識さえあった。彼の眼には出口のない、とてつもない恐怖が見てとれた。ひと言も喋《しゃべ》れなかった。眠っているところを死人とまちがわれ、駅から引っ張り出されて死者の山の中に投げ込まれたのだった。

◆二十二才という年齢のせいだろうか、大人らしい文学的な表現で描かれている。戦闘そのものよりも、果てしない行軍の様子が自身の心理描写や自然描写と共に語られる。雨の中を重いライフルを担いで歩く。あるいは暑さの中、砲撃をかいくぐりながらの行軍。そして負傷して救護所に運ばれてゆく自分。他者の死や負傷、あるいは他者を銃殺することに対してさえ麻痺した感覚……。だがこの回想は重苦しくはないのだと彼は言う。

「内戦の思い出」（シュメン・ロシア語ギムナジウム七年男子、二十二歳）

内戦について、まとまりのある筋の通った思い出は残っていない。革命期全体が個々ばらばらの光景として、それでも何故か、内戦とは全く無関係な一連の光景と不可分の一つの光景として思い起こされる。ある思い出が記憶の中で別の思い出のイメージを呼び起こすのだ。全ては静かで暖かな感情へと合流し、クリミアの海岸の思い出で――最後に船から眺めていた時、あれほど愛想よく微笑んでくれたクリミアの海岸の思い出で――終わる。

内戦については一人ではなく、ともに戦った戦友と一緒に思い出すことをみな好む。しかも話題が学校時代に移っていくのが常だ。置き去りにしてきたもの全てが思い出され、気楽で穏やかな子供時代を思い出すと、みなすぐに黙り込んでしまって、それぞれの過去にひたって何も言いたくなくなる。ロシアを思い出す時、往々にしてその思い出が嫌と言うほど鮮明に記憶されている戦闘のイメージに溢れているにもかかわらず、私は戦闘を思い出すのを好まない。何より記憶に残っているのは移動中の印象で、私には戦争全体が果てしない移動として思い描かれる。何より忘れがたいのは春の移動だ。ぬかるみをバシャバシャ歩いている自分の姿を眼前に思い浮かべることさえできる。暖かい小雨が降っている。静まりかえっている。木々はもう緑。畑の穀物も緑を帯びつつある。私は道いっぱい広がった隊列の中、前屈みになり肩に食い込むライフルを支えながらゆっくり行軍している。後方には弾薬運搬用の二輪馬車と衛生隊の馬車が続いている。何を感じ、何を考えていたか覚えていないが、畑の湿気を含んだ爽やかな匂いがその瞬間の私をすっぽり包んでいるかのように、その匂いを私はいま感じる。鉄道の駅が数多く思い起こされるが、なぜか空っぽで人影もなく、客車もいない駅ばかり。石の建物と給水塔が木々の湿った緑からその姿を覗かせている。

敵と相まみえるまでの攻撃直前の瞬間のことを覚えている。ふつう朝方に攻撃を始めた、いつも暑い日ばかりだった。雨の中や冬の攻撃を一つとして覚えていない。我々は野原を行軍している。隊列が乱れている。足が露に濡れている。私は草の茎を引きちぎって口に入れる。つらくも恐くもないが、とにかく暑い。それから砲撃が始まる。砲撃はますます激しく、砲弾がひっきりなしに飛んでくるが、恐ろしくはない。ただ一刻も早く、敵軍の散兵線があると思われる村まで辿り着きたいだけ。草を引き抜き、神経質に茎を噛みしだく回数が増える。両肩で機関銃を背負っているのに、その重みを感じない。ただ喉が渇いた。隊列が崩れた時、私は草むらに飛び込み、頭を伏せて地面に押しつけながら、緑の匂いと混ざった暖かい地面の香りを感じている。

負傷した瞬間を覚えている。暑さのなか前を歩いていた。隊列の上空でひっきりなしに榴散弾《りゅうさんだん》が炸裂していた。私は負傷者たちに気づかなかった。落下してくる散弾からのほこりがそこら中に立ちこめていた。突然強い衝撃を感じた。近くで砲弾が炸裂したような気がしたが、ほこりは見えなかった。自分に何かが起こったと感じたが、それが一体何か分からなかった。そのあと手の血が目に入り、自分が負傷したのだと察した。右腕に血がついていたので、右腕を負傷したことがわかった。何の痛みも感じなかった。その必要は感じなかったが、倒れなければ、膝立ちにならねばと考えた。内心とてもうれしく、「負傷しました」と機関銃手たちに叫ぶ自分の声がうれしげだった。しかし私がよろこんだのは、負傷したことや戦闘から離れる機会を得たことではない。無慈悲に肩に食い込む重い機関銃から解放されたことが、ただただうれしかった。

その後自分たちが救護所に運ばれていったことを覚えている。夏だった。雨上がりの空を、影に追いつこうと黒雲が走っていた。風が吹いていた。私たちは農家の荷馬車に乗ってゆっくりと、しょっちゅう停まったり、向きを変えたりしながら進んでいた。あたかもボリシェビキと行き会うのを恐れているかのように……。揺れるたびに腕に不快な痛みを覚えたが、荷馬車はひっきりなしに揺れ、私は痛みのために静かに呻《うめ》いた。隣には腹を怪我した将校が寝ていて、彼も静かな呻き声を上げていた。軽傷だからきっと自分は回復すると、始終将校が言っていたのを覚えている。ただもっと早く搬送してほしい、このつらい道のりが一刻も早く終わってほしいとも言っていた。眼は病的に熱っぽく輝き、彼の寿命があと数時間しかないのが、私には明らかに見てとれた。私たちは途中の村に彼を置き去りにした。彼にはそれ以上は無理だった。

私は忘れられない。最初の思い出と分かちがたく結びついた別の負傷の思い出が。装甲列車から砲撃を受けていた。私たちは踏切小屋にいた。負傷した将校が運び込まれたが、腹に重傷を負って瀕死の状態だった。私は部屋に残っているのが嫌だったので、ポーチに出た。なぜか陽気になって微笑んだ。多分、独り立ちしたという自覚がそうさせたのだ。前線に一人でいる。驚いたことに、将校も部屋からポーチに出て、微笑みを浮かべていた。私たちの微笑みが何を意味していたのか、あんなおぞましい瞬間になぜ微笑みが浮かんだのか、今もって分からない。ただ記憶にあるのは、当時私が戦死者や戦傷者がかわいそうだとは感じていなかったということだ。他者の痛みを頭では分かっていたが、感じてはいなかった。何度か銃殺を見る羽目になったし、自分自身銃殺にかかわったこともある。どうしようもなかった。大いなる好奇心を覚える一方でいささかの憐憫《れんびん》も覚えることなく、私は死刑囚を撃った。銃殺が終わった後になって、自分が正しくないという漠たる意識があったからだろう、体も心も神経質な震えに襲われた。随分たってから、あの時ああも冷酷に、好奇心をもって行ったことの罪深さを心底理解した。理解してぞっとした。今では、あの出来事を思い出すと、暗澹《あんたん》たる気分に沈み、悔恨の情を覚えずにはいられない。今では他人の痛みを見るのさえつらい。極度に現実主義的な魂を持ちながら、軽い怪我や血を見ただけで、私は感傷的な令嬢のように顔をそむけてしまう。もう二度と人に手を上げることはないだろうと感じている。

ロシアの村のこと、果樹園に囲まれたウクライナの白壁の小屋のこと、クルスク県〔ロシア南部に位置する〕の野原の真ん中に茂っている果樹園のことをよく思い出す。ロシアの農民のこと、忠実な同行者で我々の命令をあれほど素早く実行してくれた運搬人のことを思い出す。

冬場の移動を思い出すことは全くない。もし鮮明なイメージがちらりとでも浮かぼうものなら、私はすぐにそれを追い払おうと、他のことを考えようとする。冬の移動の中ではロストフからの撤退のことを覚えている。ただそれは活人画のようなものとして——ただし目に見えるだけでなく、氷の上を行く蹄《ひづめ》の音や隊列の中に響き渡る叫び声や命令の声も聞こえてくる活人画として記憶している。全てが見え、全てが聞こえるが、私は何も感じない。丘の上、教会の円屋根の金色の十字架に反射した、冷たい陽の光が降り注ぐ明るい町には、石造りの白い建物が建ち並んでいた。隊列と輜重が平らな雪原を黒い蛇のように曲がりくねって進んでいた。馬車が、橇《そり》の滑り木が、長靴《ちょうか》がきしむ音を立てていた。重さに背中のたわんだ馬から湯気がもくもくと立ち上っていた。極寒の大気は凍《い》てついて黙り込み、ただ音を反響させている。

クバン州〔ロシア帝国時代の州の名前。首都はエカテリノダール〕の記憶といえば、ぬかるみ、道ばたで息絶えている馬、放置された馬車、霧雨でずぶ濡れになった体。その日泊まる宿駅が現れないかとじりじりする。一休みしたらぬかるみと寒さの中をさらに先へと向かう。

撤退のことは全くといっていいほど記憶にない。二度病気になり、一度目は艦砲の下の甲板にずっと寝かされ、二度目は十日間ほとんど何も食べなかった。

内戦についての私の回想はロシアについての回想と呼んだ方が良いのかも知れない。なぜなら、その時期、私は戦争よりもむしろロシアを見ていたのだ。だからこそ、この回想は重苦しい性格を帯びていないのである。重苦しいものは秘められ、押し殺され、魂はそれに背を向けている。

◆ソビエト・ロシアとの境界に近い小さな町。横暴で残虐なボリシェビキのコミッサールらに対し、白軍の将校も残酷な報復をした。「軍法会議」と即決の「死刑判決」。そして死刑執行の様子が、綿密に、だが淡々と描かれていく。

「私の記憶からすぐには消えそうにない内戦での多くの出来事の一つ」
（シュメン・ロシア語ギムナジウム七年男子、二十一歳）

ソビエト・ロシアとウクライナのちょうど境界線上にある小さな地方都市は、静かな夏の夜の帳《とばり》に包まれていた。生活が次第に静まっていった。行き交う人影はいよいよまばらになり、一つまた一つ、町外れにある貧しい小家の窓の灯りが消えていった。ごくたまにパトロール隊が通りから通りを見回り、騎兵斥候《せっこう》隊の蹄の音が聞こえる。ただ町外れでだけ、コサックの騎兵百人隊が占拠している兵舎のある所だけは、生活がいつも通りに営まれているようだった。兵舎に隣接する街区全体が哨兵たちによって封鎖されていた。間違いなく、今夜半に住民の誰ひとり知らないはずの何かが、内戦そのものと同じくらい恐ろしい、異常な何かが起こるにちがいない。当直の部屋にはあかあかと電灯がともり、半分開いたドアのすき間を通して興奮した大声が聞こえてくる。そこでは、今朝方つかまったボリシェビキのコミッサールに対する即興の「軍法会議」が終わったばかりだった。被告は六人で、全員この町の住民だ。ドイツ人とウクライナ人が来るまで当地で「君臨」していたが、その後逃亡し、ようやく今日、彼らにとって不幸なことには、斥候隊の手に落ちたのだった。

彼らの中でもっとも興味深い人物は、かつてドゥブロビチ町の「大統領」を自称したGだ。彼は大統領就任にあたって戴冠式を行い、どこへ出かけるのにも、地元の地主のK家から徴発してきた侯爵家の紋章のついた馬車を乗り回していた。Gは今の時代には奇妙に思える顔をしていた。昔のウラジーミル派の聖像画に描かれたキリストによくあるような純粋で優しげな顔で、明るい金髪の軽く縮れた顎鬚《あごひげ》を少したくわえ、頭髪も縮れていた。しかし彼の容貌でいちばん目立つのは、優しさに溢れた青く柔和な眼だった。一見やさしげな眼をした、そんな容貌の人物が、その「大統領在任中」、獣のような残忍さと、ありとあらゆる処刑法の創意工夫で地区中に知れ渡っていた。残り五人の助手および協力者は、ひとりひとり個別に取り上げれば、「白軍の犬畜生ども」(彼らの言葉)を殲滅《せんめつ》することに対する強い「執着」をのぞけば、何も特別なことをした訳ではなかった。

軍法会議はいつも通り短時間で終わり、判決も手短なものだった。「死刑」。有罪判決を受けた囚人たちの立っている廊下にはコサックたちがたむろし、興味津々といった様子でGをしげしげと眺めている。ついに当番の部屋のドアが開け放たれ、敷居に百人隊の隊長で雲をつくような長身の

S大尉が現れた。「連行しろ」――素早く駆け寄った曹長に言葉少なに命令する。ライフルの銃床が乾いた冷たい音を立て、死刑囚と護送隊は、低い靴音をさせながら陰気な廊下を通り抜けて階段を下りると、夜の闇に見えなくなった。護送隊と死刑囚たちは左折して馬留《うまどめ》を横切り、厩舎の脇を通り抜けて中庭の奥の古い火薬庫に着いた。扉は開いており、何段かの階段が下に続いていた。下りた。マッチが弱い光を発し、点火されたロウソクが乏しい炎の舌を出して燃え始めると、死刑囚たちの青白い、すぐに土気色に変わる顔を照らした。「ヤコベンコフ、厩舎まで駆け足。シャベルとそだを持ってきて、焚き火を起こせ」。曹長が命令した。何時間にも思われたが実際は数分後に燃え始めた焚き火が凄惨な光景を照らし出す。火薬庫の真ん中に紅蓮の炎に照らされた人々が、同じ肌着姿で自分たちの入る共同の墓穴を掘っている。少し離れた所に、厳しいしかめっ面をしたコサックたちが立っている。さあ墓穴の準備ができた。例の機敏なヤコベンコフが百人隊長に報告するため飛んでいく。数分後、大尉が若い将校たちを従えて姿を現わす。上着を脱いでおり、両手で古くて錆びついた長槍を持っている。

「さて、誰が最初だ、前に出ろ」と隊長が言う。しかし、命運つきた者たちはますますぴったり壁にはり付くようにするばかりだ。「希望者はいないのか？　じゃあG、前に出ろ」。隊長が命令する。Gは離れたところの壁まで引っぱっていかれ、隊長に面と向かって立たされる。隊長は墓穴の反対の端で立ち止まる。長槍をもつ隊長の手が後ろに引かれた。次の瞬間、長槍はひゅうと音を立ててGの額に突き刺さって、頭を真っ二つにした。Gの膝は力なくくずおれ、不格好に両手を振り上げると血だらけになった地面に倒れ込んだ。「さぁ次！」と隊長が命令すると、今し方起こったばかりのことが正確にくり返される。三人目で隊長は極度の緊張からへまをやらかし、息の根を止められなかった。一団のコサックの中から一人が飛び出し、横たわって呻いている死刑囚に近づくと、力強くリズミカルな軍刀の一撃でとどめを刺した。残りの三人は、隊長の命により軍刀で斬り殺されたり、銃剣で刺し殺されたりした。銃床がリズミカルに頭上まで上がり、空っぽの樽を突き刺したような鈍い打撃音が聞こえる。三分後には全てが終わっていた。死体は銃剣を使って穴まで引きずって行き、土をかけて埋める。火薬庫は空っぽになった。消えかけている焚き火が、血をたっぷり吸った地面のどす黒い染みと、念入りに長靴で踏み固められたため、かろうじてそれとわかる掘り返されたばかりの土の小山を乏しい光で照らしている。

◆ペテルブルグのギムナジウムで学んでいた少年は、知人の凜々《りり》しい軍服姿を見て自らも軍隊行きを志願する。しかし十月革命の後、将校への弾圧が強まり、少年は故郷アルマビル〔クラスノダール地方クバン川左岸の都市〕を去る。戻ってみると故郷はチェーカーに踏みにじられていた。この作文では時に白軍が勢力を盛り返すものの、少年の入隊した軍がじりじりと退却し、最後には現在のアルメニア〔黒海とカスピ海に挟まれたカフカス地方南部の内陸国〕のあたりまで逃げてゆく様が、緊迫した筆致で描かれている。

シャフ - ナザーロフ（モラフスカー・トシェボバー・ロシア語ギムナジウム八年男子）

私はペテルブルグのワシリー島にあったラーリン・ギムナジウムで学んでいた。静かに平穏に私の生活は流れていた。たくさんの楽しい思い出はペテルブルグと結びついている。私は叔母のもとで暮らしていたが、叔母は私を甘やかした。自分では何もさせてもらえず、ランドセルさえ小間使いがギムナジウムまで運んでくれた。一九一七年、私は六年生に進級し、五月にはアルマビルの自宅に帰った。この頃は愛国的気運が高まっていた。ガリツィア〔西ウクライナからポーランドにかけての地域〕への侵攻が始まり、友人の多くが軍務についた。

かつていっしょにラザレフ東洋語学院に在学していたことがあり、その時うちにお客に来ていたアルグチンスキー公爵が、ニジェゴロド連隊に入隊したということで、肩章をつけ流行の軍服を着ている姿を見た私は、前線に行かせてくれと父にせがんだが、父はそんなことはやめろと時間をかけて説得を試み、ときおり私を怒鳴りつけさえしたけれど、私は我を通した。

近いうちに前線に行くはずのセベルスキー第十八竜騎兵連隊の第八補充騎兵中隊に、入隊した。だが私たちの部隊が前線に向かうことはなかった。戦況がますます悪化していたからだ。将校に対する弾圧と暴行が始まった。そしてあの忌まわしい十月革命が勃発した。私たちの騎兵中隊は散り散りになり、将校が数人殺された。私はアルマビルをすぐさま立ち去らねばならなかった。逮捕しようと狙われていると警告を受けたからだ。身を隠したキスロボツク〔スタブロポリ地方の都市〕に一九一八年の五月まで滞在し、それからアルマビルに戻った。アルマビルではボリシェビキが完全に野獣と化していた。ここは彼らにとってクバン川流域の中枢だった。多くの人がアルマビルの反革命取締非常委員会《チェーカー》で虐待、銃殺された。

しかし待ち望んでいた瞬間がやって来た。私たちの町に義勇軍〔白軍〕が入ったのだ。同じ日に私はコルニーロフ連隊の一員として騎乗偵察に出かけ、連隊とともにスタブロポリ県に退却した。我らが連隊はいくつもの奇蹟を起こした。十五人ないし二十人でボリシェビキの複数の連隊を粉砕したのだ。

スタブロポリから一九一八年十月に撤退したのち、私たちは勢力を結集して、最終攻撃に備えた。十月十五日、三師団、五万人からなるボリシェビキ軍への攻撃を開始した。十月十五日の夕方近く、私たちの連隊は町の周辺部を占拠し、皮革加工場に駐屯した。だが、十六日の明け方には、ボリシェビキに追い払われ、戦闘を継続しつつ鉄道の方へと退却を余儀なくされた。

私たちの騎乗偵察隊は踏切番小屋に陣取った。馬が撃たれないように塀の向こう側に残して、自分たちだけ番小屋に入り込むと、我が物顔に振る舞った。踏切番が腰に下げていた赤い信号旗に難癖をつけ、あやうく絞首刑にするところだった。どうしようもないほど銃火が飛び交っていたため厨房車も人馬の食べ物も運べなかったので、人も馬も腹ぺこだった。だがそのとき厨房車が私たちの方に向かって走ってくるのに誰かが気づいた。私たちはそわそわしだし、スプーンと陶器の皿をつかんだ。私が階級も年齢もいちばん下だったので、ボルシチをもらいに厨房車に行かねばならなかった。そこまでは機関銃や拳銃の恐ろしい銃火をくぐって行かねば、いや正確に言えば、走り抜ける必要があった。やっとのことで熱いボルシチを半皿分持ち帰ることができ、私たちはガツガツとそれに飛びついた。そのころ友軍の装甲車は、私たちの占拠している番小屋の真向かいに停まって、スタブロポリを砲撃しはじめた。しかし、ボリシェビキは一発目の砲弾から装甲車に命中させたので、装甲車の破片が番小屋の窓を破り、私たちがボルシチを食べていた皿を割り、その破片が私の頭や顔にあたった。私は厨房車に乗せられいちばん近くの村に、さらにそこからチホレツクの病院に連れていかれた。怪我は大したことはなく、二週間後にはすっかり元気になっていた。だが戦場には戻らなかった。コルニーロフ反革命軍の古株たちは逃げてしまい、動員兵は頼りにならなかったからだ。

この頃アルマビルは我が白軍が掌握していた。自宅に戻った私は、デニーキン将軍の命令により、学徒だからと兵役から外された。しかしいてもたってもいられず、一九一九年のはじめ、ドン・コサック軍のコノバロフ将軍〔ロシア帝国の陸軍大佐。一九一七年にはスコロパツキーの軍にいたが、一八年からは白軍の分遣隊参謀〕の部隊に入隊した。ドン川の対岸に退却する途中、ホピョール川の全流域やドン川の上流地帯をくまなく回るうちにまた負傷した。私はロストフに運ばれ、そこで三日間だけ入院した後、退院許可をもらえなかったので、野戦病院を抜け出してアルマビルへ帰った。

自宅で一ヶ月ほど過ごすとまた軍隊に戻りたくなった。しかしすでに我が白軍の瓦解が始まっていて、自分の部隊が見つけられなかった。状況は絶望的で、白軍は何の抵抗もせずひたすら敗走していた。ボリシェビキはもうアルマビルから三十キロのところに迫っていた。町は不穏な雰囲気に包まれ、反乱が予想された。私は事実上脱走兵になっていた。そこで例の装甲車に乗ってミタフスキー第十四部隊が駐屯していたミネラリヌイエ・ボディ〔北カフカスの温泉地〕まで行こうと決心した。断続的な音を立てながら装甲車は進み、どうにかミネラリヌイエ・ボディ温泉に辿り着いた。

ここで私はミタフスキー第十四軽騎兵隊に入ると、この部隊と共にペトロフスク〔ロシア西部、サラトフ州の都市〕へと退却していった。ここで何度か交戦したあと、船に乗り込み、(ペルシアの)バンダレアンザリに向かった。しかしイギリス軍は私たちを受け容れようとはせず、武器を引き渡して捕虜の身に甘んじるよう提案してきた。我々の指揮官ドラツェンコは艦隊に引き返すよう命じ、それで着いたのがバクーだった。タタール人たちは大変こころよく私たちを迎え入れてくれ、ドラツェンコは彼らに武器を売った。私たちはエリザベトポリ〔現在のアゼルバイジャン共和国のギャンジャ〕に駐屯した。私たちの部隊には二千人近い兵士がいた。

しかしボリシェビキはアゼルバイジャンにも攻撃を開始し、私たちは撤退せざるを得なかった。ドラツェンコ将軍はそれよりも前にバトゥミに行っており、私たちは司令官のいない状態だった。アルメニア人の案内人が赤軍のタタール人部隊の哨所を歩哨に見つからぬようカラバフ〔現アルツァフ共和国。アルメニア、アゼルバイジャン、イランと国境を接する〕まで案内すると申し出てくれたので、他に打つ手のない私たちは同意した。そしてカラバフに入った。その時、カラバフでは白兵戦の真っ最中だった。タタール人はアルメニア人を、アルメニア人はタタール人を斬り殺していた。数え切れないぐらいの回数、前線を横切らなければならなかった。私たちは一昼夜で二十五キロ進む行軍を一ヶ月近く続けた。

◆一九一七年の夏休み、水夫見習いとしてニューヨークに行ったギムナジウム七年生の少年は、故郷を捨てられず、ペトログラードに戻る。やがてペトログラードを飢饉《ききん》が襲い、少年は大学進学を目指してオデッサに向かうが、運命は彼をキエフ、ドイツ、イギリスに連れ回す。セバストポリに戻り、ウランゲリが総司令官をしていた白軍の海軍に配属される。その後どのような苛酷な体験を経て、チェコスロバキアにたどり着いたのだろうか。

ニコライ・ローゼンクランツ（モラフスカー・トシェボバー・ロシア語ギムナジウム八年男子）

ロシア革命が始まった時、私はペトログラードにいた。シェポバリニコフ博士の私立ギムナジウムの七年生で、はからずも革命のあらゆる段階の目撃者となった。私の目の前をリボフ公やケレンスキーを首班とする臨時政府、そして最後にはボリシェビキによる十月のクーデターが通り過ぎていった。

ほんの一時的なつもりで私は革命の最中のロシアを離れた。一九一七年の夏休み、アルハンゲリスク、イギリス、アメリカ間を航行していたドブロボリヌイ海運の水夫見習いになったのである。この会社は軍の装備品の輸送を行っていた。そして私はタンボフ号に乗って、アメリカのニューヨークに行けた。そこにとどまることもできたが、ギムナジウムを卒業したいという思いと、生まれ育った家が、その一歩を踏み出すことを許さなかった。摩天楼の街に二週間滞在した後、私はアルハンゲリスクに戻り、そこからまさに十月初めのペトログラードに帰った。

革命の情熱はペトログラードではもう過ぎ去ろうとしていた。ニューヨークでは「ロシア革命」が好評を博し、ロシア人が一般受けしている一方、十月のペトログラードを支配していたのはバイロンの『マンフレッド』的な気分だった。権力を得たという実感が住民にはなく、ボリシェビキの絶え間ない演説と武装蜂起に神経を逆なでされ、不安を覚えていた。しかし、例外的に臨時政府を勇ましくも擁護した陸軍士官学校生と女性大隊以外は、ボリシェビキのクーデターをかなり無関心に受けとめていた。確かに反対があるにはあった。それはストライキやデモ行進のような形をとっていた。しかしそこには冷淡さと無関心が刻印されていた。しかも、ボリシェビキによる支配は一時的なものだと、誰もが固く信じていた。

だが数日が経ち、数週間が、数か月が経ってもそれは持ちこたえていた。生活はますます困窮していった。食糧不足がひどく体にこたえた。住民の知的関心は狭まり、いちばんの心配は日々の糧だった。飢饉が始まった。街頭では、馬の、そして時には衰弱して気を失った人間の死という気の滅入《めい》るような一幕が演じられた。家には干からびたパンの皮さえなく、鼠もいなくなった。当然、そんな状況で勉強するのは困難だった。前倒しになったギムナジウムの卒業のあと、私は大学入学のためオデッサに行こうと決心した。

一九一八年の秋、十月、さんざん苦労した挙げ句、私は労農兵代表ソビエトから飛び出すことができた。しかしオデッサに辿り着くことはかなわなかった。諸々の状況と事件が私をキエフに足止めし、そこで私は、ボリシェビキとペトリューラ派と戦うため、ゲトマン義勇軍《我が祖国》〔ゲトマンを自称するスコロパツキーの下に編成された義勇軍〕に入隊した。しかしペトリューラがゲトマンを打ち破り、義勇軍のある者は拘留され、ある者は商業大学に、あるものは教育学博物館に連行された。私は博物館の、ガラス天井の講義室に入れられた。寄木張りの床に寝た。爆発があった時、そのガラスの破片で負傷し、怪我人としてヤイツキー赤十字診療所に運ばれた。数時間後、ペトリューラ・ディレクトリア政府の命令か、あるいはドイツ軍との合意によるものかはよくは分からないが、ドイツに送られる将校、義勇兵、兵卒たちの中に私は含まれていた。私たちはみなドイツに送られた。抑留者としてそこで八ヶ月間暮らすことになった。

外国もたしかにすばらしいが、故郷はもっとすばらしい。イギリスに来れば戦闘技術を教え、軍服も支給するから、その後ロシアに戻ってデニーキンの義勇軍に入ってはどうだ、というイギリス人の申し出を、私はよろこんで受けた。イギリス人は約束を守り、ニューマーケット付近でイギリス軍兵士として暮らした八ヶ月は、イギリス人たちの言葉に嘘がないと私に確信させた。

一九二〇年、イギリス軍は、私たちイギリスで学んだ将校および兵士をセバストポリに連れて行ったが、そのころデニーキンはウランゲリに総司令官の権力を譲っていた。セバストポリで私は海軍の巡洋艦コルニーロフ将軍号に配属された。

◆革命当時十才だった少年は、さまざまな勢力の間を権力が行き来するのを見る。最終的に赤軍が権力を掌握すると、物品の徴発、食料品の値上がり。そして次にはマフノ一味の襲撃。さらに農作物の徴発と飢饉。チェコスロバキアに向かう少年は、ボリシェビキから逃れられることを素直に喜ぶ。

（プラハ・ロシア語ギムナジウム四年男子、一九〇七年八月十八日生まれ）

一九一七年、僕らの町に赤軍が来た。どんなふうに来たのかは覚えていない。家では、ボリシェビキが来たら、彼らは「ブルジョワ」を全員銃殺するだろうと話していた。絶えず聞こえる銃声がまるで年長者の言ったことを証明しているかのようだった。外に出るのはとても怖かったが、好奇心には勝てず、次の瞬間気づいてみると僕は門の外にいた。最初に目に入ったのは、機関銃と赤軍兵たちをのせたトラックだった。兵士たちは何か叫び声を上げながら空に向けて発砲していた。そんなふうにして赤軍が、五日間ほどかけて通り過ぎて行ったが、いつも銃を撃っていた。その後は、特別なことは何も記憶にない。

とうとう断続的な射撃音がまた聞こえ始め、町にペトリューラたちが入った。これは何か特別な人たちなのだと当時の僕は思っていたが、結局、彼らも赤軍とそっくりだった。新しいお金が現れた。しかし僕たちの間では長続きしなかった。しばらくすると町はふたたび赤軍の手に落ちた。そうだ、書き忘れていた。ウクライナ軍と共にドイツ軍がやって来たのだった。彼らはロシア語が分からず、仕方なしにドイツ語で話すしかないのがとても面白かった。もちろん、僕はドイツが話せなかったから、身振り手振りでコミュニケーションをとった。

しかし、最後には赤軍がふたたびやって来た。僕はクラブか幼稚園に入ったのだが、それがどっちだったか正確には知らない。そこで僕たちは何もせず、ただあれこれ遊びをしただけだった。そのあと白軍がやって来たが、長く持ちこたえられず、町を離れるほかなかった。白軍といっしょに兄さんがいなくなった。

白軍の退却後やって来た赤軍は、僕らの町に長くいすわることに決めたみたいだった。彼らは自動車で着くと、書き物机、ピアノ、椅子、ただのテーブルなど家具をたくさん徴発した。ボリシェビキが到着したあと、パンの値段、食料品の値段がみんな上がった。それでも銃撃が止んで混乱がおさまったことだけは、みんな喜んでいた。しかし、ある日、あちこちの通りに「昼の四時に砲撃訓練が行われる。一般市民にあっては心配無用」という掲示が出された。四時になるとほんとうに大きな大砲の音が聞こえた。驚いたことに、弾丸が赤軍兵のいるバラックに命中した。その後、機関銃を射つ音がし始め、軽四輪馬車に乗ったマフノ軍が街に入ってきて、何も疑っていなかったコミッサールたちを驚きと恐怖におとしいれた。彼らは赤軍に対する残酷な制裁と略奪の後、橋を焼き落として立ち去った。

ボリシェビキがとてもたくさんの農産物を徴発したので不作になり、飢饉になった。兄さんとパパがビザを送ってくれ、僕らはチェコスロバキアに向かった。国は捨てたけれど、飢えとボリシェビキから逃げられたことは、やっぱりうれしい。

◆一九一九年、十六才でパルチザン部隊に入隊していた少年に、初めての戦闘は強い印象を残した。自ら志願し、塔から銃口を下に向ける敵軍の兵士を機関銃で攻撃する緊迫した場面が綿密に描かれる。彼にとって戦闘は高揚感を与えるものだった。しかし流血の白兵戦ののち戦場に残された何百もの死体を、彼は今でも忘れることができないでいる。

（プラハ・ロシア語ギムナジウム六年男子、一九〇三年六月十三日生まれ）

一九一七年と一八年は断片的に私の記憶に残っているだけだ。当時もすでに革命のおかげでたくさんの思いで心が押しつぶされそうだったが、それでもこの二年間は、自分の人生におけるその後の数年間とは比較にならない。

自分にとってとりわけ輝かしいのは一九一九年。この年の春にはもうパルチザンの部隊に入隊していた。生活環境の急激な変化は、自分に強い影響を与えた。この時まで両親の庇護のもとで暮らしてきたが、自分のことは自分でしなければならなくなった。それまでも戦争には特別な関心を持っていたが、今の自分は両手でライフルを持つ兵士だった。従軍経験者なら誰しもそうだろうが、初めての戦闘、いわゆる「戦いの洗礼」は、人生の最後まで記憶に残るのだろう。部隊に入った当初は実戦に参加しなかった。もっと経験のあるパルチザンの中から機関銃小隊が選抜されたからだ。しかし、やがて自分も射手に選ばれた。数日後には、コルト式機関銃の一番射手に任命されていた。自分の「洗礼」は故郷の町の近くで起こった。我が軍は自分の故郷をボリシェビキから奪還しようとしていた。自分たちの小隊は後方に位置していたが、ボリシェビキの防御施設に向かって展開している前哨線から、左翼に甚大な損害を蒙《こうむ》ったとの知らせが届いた。自分たちと一緒にいた部隊長《アタマン》は馬でそこに向かった。数分して戻ってきた彼は、ある仕事の希望者を募り始めた。自分らの部隊の左翼が衛生棟の近くを通り抜けようとしているという話だった。これらの衛生棟の間には、機関銃を据えた高い塔がたっていて、そこの機関銃が友軍の前哨線に損害をもたらしたのだ。誰か左翼まで行って攻撃するのを志願する者はいないか、と隊長が尋ねた。僕は自分の機関銃の腕前に自信を持ちたくて、指定された場所に二挺《にちょう》の機関銃をもって向かった。

千五百歩ほど進むと、自分たちは目標地点と同一線上まで来た。左翼は身じろぎすることも恐れて、地面にじっと伏せたままだった。前線の方角からも左翼の方角からも、あたり一帯に銃弾が降りかかっていた。左手を見ると塔があって、ひっきりなしに機関銃を撃つ音がしていた。自分たちはほとんど二百歩ある距離を匍匐《ほふく》前進で塔に接近し、コルト式機関銃を三脚に据えると射撃を開始した。初めのうち自分は弾帯を手渡していただけだったが、撃っていた兵士が殺されてしまったので、自分で引き金に手をかけるしかなかった。弾帯を二連撃ち終わった時、沈黙が塔を支配していることに気づいた。敵を撃退したのだ。前哨線が上がって、まっ先に左翼が塹壕《ざんごう》に突進した。短時間の戦闘の後、町を占領した。

こんな瞬間に味方の手助けをできたのが、自分はうれしかった。この日は多くの印象を残した。初めて機関銃を撃ち、初めて弾の風を切る音を身近に聞いた。

この日から自分は、戦闘で兵士がどのように振る舞うべきかを理解するようになった。それは、軍の隊列に加わったことのない人には絶対に分らない。周囲で起こったことに——目の当たりにした血、負傷者のうめき、射撃と弾丸のうなりに——動転してしまって、自分自身のことなど考えもしなかった。頭の中にあったのは、敵の機関銃をやっつけようという思いだけだった。一度ならず戦闘に臨むことになったが、初陣と同じように感じることはもうなかった。その後起きたことのうち記憶に残っているのは、ズブルチ川〔ウクライナ西部を流れるドニエストル川の支流〕での戦いぐらいだ。それは強烈な光景——互いに互いをめがけて全速力で突進してゆく騎兵たちの姿であった。双方とも雄叫びを上げ、頭上に抜き身の軍刀をかざしながら突進して行った。中でも気に入ったのは、歴戦のベテラン騎兵たちから編成された友軍の騎兵隊だ。彼らは、いつも通り、落ち着き払って戦闘へと赴く。集団の中央には、みなと並んで、騎馬のオーケストラが騎兵隊行進曲を演奏しながら進軍してゆく。敵軍が迎え撃った時、音楽が鳴り止んだ。流血の白兵戦が始まった。攻撃が続いたのはわずか四十分ほどだったが、戦場には何百もの死体が残された。目の前に、つい今しがたの出来事のように、その恐ろしい光景が見える。一人の兵士の下には馬が死んでいた。その兵士は戦闘を避けようと向きを変えた。するとある騎兵が追いつき、軍刀を振り上げ、彼の頭に一撃を食らわしたのである。

第六章

難民としての放浪

ギムナジウム附属教会を訪問したプラハの大主教セルギー
（1930年12月6日、モラフスカー・トシェボバー）
Private collection of Anastazie Kopřivová

亡命者、いや、知識人はともかく子どもたちは難民と呼ぶのがふさわしいだろう。小さな難民たちにとっては強いられた移動、望まぬ放浪こそが「亡命」体験であった。当然、生徒たちの回想にこのモチーフが目立つことに、読者諸氏はすでに気づいておられるだろう。トシェボバーのギムナジウムでは、予科の生徒たちには作文に挿絵をつけるよう求めたのだが、「我が家」を絵に描いた生徒は一人だけであり、大多数の生徒（十人）が汽船の絵を描いたという(1)。

◆地名が列挙された次の作文では、これまでの人生が移動に、個人史が地理に変わっているかのようだ。ある少年は自分の作文を「これがぼくの旅のすべてです」と結び、別の少女は自分の作文を「手短な地理」という題名をつけた(2)。

（学校・年齢不詳）

ぼくは一九一五年五月二十八日にプスコフで生まれ、十二月二十日にビテプスクへ移りました。一月三十日にキエフに移りました。一九一九年一月一日にハリコフに移り、一月三十一日、そこで妹が三歳で死にました。五月二十五日にノボロシースクに移りました。九月二十一日にアフリカに移りましたが、そこでの暮らしはとても良かったです。十二月二十一日にフェオドーシヤに戻り、

一九二一年にぼくはクロアチアのバカルに着きました。(3)

◆単行本として刊行された『亡命の子どもたち――回想』の巻頭におかれた概説的論考でツリコフは、作文の書き手に目立つ一つのタイプとして「町や場所をデータや事実を引きながら列挙することでもって作文を履歴書のようにしている」(4)書き手を挙げているが、次の生徒もそのタイプに分類できるだろう。トシェボバーのギムナジウムの卒業生でチェコ語作家になったニコライ・テルレツキーの代表作は、いみじくも『履歴書』と題されている。その自伝的小説に描かれているのはペテルブルグからキエフへの、キエフからクリミアへの、そしてクリミアからコンスタンティノープル、コンスタンティノープルからモラフスカー・トシェボバーへとさすらった自らの経験だ。幼年学校生ニコライの物語は、跋文を寄せたアンナ・コプシボバーをして、その解説文を「亡命ロシア人の放浪の旅」と題せしめ、主人公の放浪を「アナバシス」になぞらえさせた亡命ロシア少年の自叙である。しかし、次に紹介する女生徒の放浪は、その地理的広がりにおいてテルレツキーのアナバシスをも凌駕する。

サニュティチ＝クロギツカヤ（モラフスカー・トシェボバー・ロシア語ギムナジウム三年女子）

わたしの人生でいちばんおもしろいのは、世界一周旅行です。生まれはウクライナで、五歳になるまでの子ども時代をそこで過ごしました。それはわたしの子ども時代でいちばんおだやかで楽しい頃でした。父さんはエンジニアで、しばしば町から町へと転勤させられました。姉さんは大学の寮に住んでいて、わたしたちは姉さんのそばに住むためにペトログラードに引っ越しましたが、そこに長く住むことはできませんでした。なぜならわたしは体がとても弱くて、お医者さんたちが南の方の海辺に転地させるように勧めたからでした。そこでわたしたちははじめにベッサラビアのアッカーマンに、それからキシニョフ〔現在のモルドバ共和国の首都キシナウ〕に引っ越しましたが、そこにも長くはいませんでした。もう戦争がはじまっていて、めちゃくちゃな時代になっていたので、父さんはウラルに転勤させられました。ウラルへの旅行は一か月もかかり、ミアス〔ロシア中西部、チェリャビンスク州の都市〕のパパのところに着くまで十八の県を通りました。わたしたちが着いたのは冬だったので、南生まれのわたしは万年雪におおわれたウラル山脈のどうどうとした景色にとても驚きました。散歩のとき、長いあいだ森のはずれに立って、山々のまっ白な雪が美しい銀色にかがやくのをよくながめたものでした。わたしにとっては何もかもぜんぶが面白かったことを覚えています。小さな毛むくじゃらの馬も、へんな風習をもつ暗い顔をした何枚も服を着こんだ背のひくい人たちも。でもミアスにはギムナジウムがなかったので、わたしたちはトロイツク〔チェリャビンスク州の都市〕に引っ越すことになり、そこでギムナジウムに入学しました。とつぜん革命がおきたという知らせを受けとったのはトロイツクででしたが、あの頃のわたしはこの力強いことばがどういう意味なのかよく分からず、ボリシェビキに反対していた大好きなパパが殺され、自分たちがつぎつぎ不幸な目にあってはじめて、その意味が分かりました。パパが死ぬと、わたしたちはかくれないといけなくなり、町から町へとうつりました。そうしてたどり着いたのはシベリアのイルクーツクでした。しかしわたしたちの後を追いかけてきた不幸せにつかまってしまいました。イルクーツクできさんが始まりました。そのころ外国人たちは、荒れはてたわたしたちの祖国を捨てていきました。ルーマニア人の大臣とつき合いがあったおかげで、わたしはシベリアを抜けだすことができました。満州とモンゴルを通ってウラジオストクに着き、そこでくらそうと思ったら、ルーマニア国王フェルディナンド一世からベッサラビアに来てもよいという許可がとどきました。そこでわたしたちはまた出発したのですが、もう海を船でいくしかありません。黄海、東シナ海、太平洋を通り、香港に寄り、さらに南シナ海をぬけて、シンガポール、セイロン島のコロンボに行き、インド洋をわたってアデンに行き、紅海を抜け、サハラ砂漠を見、スエズ運河を通り、サウジアラビアの港にとまり、地中海を通ってコンスタンティノープルでしばらく暮らし、そこからコンスタンツァ〔ルーマニア南東部の都市〕に来ました。ルーマニアではキシニョフにも寄りましたが、そこには親せきもいないし財産もなく、姉のオーリャが行方不明になってしまいました。わたしたちはそこを出てチェコに来て、モラフスカー・トシェボバーのロシア語ギムナジウムに入学したのですが、世界一周旅行は二度と消えないほど深い思い出になりました。

◆屈託なく自慢げに世界一周について語る少女の作文から一転して、これは一般市民の苦難に満ちた疎開の思い出。戦線に追い越され、避難したはずが気づいてみると赤軍支配地域にいるなどという経験は、私たちの想像を絶する。

文中にあらわれるアレクサンドル・コルチャークは内戦期の反革命政府の指導者。一九一八年十一月オムスク〔ロシア連邦中部、オムスク州の州都。シベリア第二の都市〕に成立した反ボリシェビキ政権の陸海軍相に迎えられたが、同月のクーデターにより軍事独裁体制をウラル以東のほぼ全域に樹立。みずから〈最高執政官〉と称した。しかし軍事的敗北にともない彼の軍事独裁体制は崩壊、イルクーツクで革命委員会の裁判をうけ銃殺された。

（プラハ・ロシア語ギムナジウム六年男子、未成年）

一九一七年三月一日の革命が起きた時、私はモスクワ実科学校の一年生だった。十月までは、歓喜する自由な民衆を目の当たりにしてよろこびを感じた以外、特別な経験は何もなかった。しかし、十月のボリシェビキによるクーデターと共に、我が国の多くの、ひじょうに多くの哀れな市民たちが堪え忍ばねばならなくなった放浪と苦労が始まった。

その頃、砲声のとどろきや、機関銃やライフルの弾が風を切る音を初めて聞き、大火事の照り返しをはじめて見た――アルバート街の優に半分が、それにモスクワの郊外も焼失した。その頃、永遠に続きそうな戒厳令の重苦しさ、心の上に立ちこめた真っ黒な暗雲の重苦しさを初めて感じた。

一九一八年はじめのモスクワでは、品不足を、食料品だけでなくそれ以外の必需品の不足を感じ始めていた。五十グラムのパンを手に入れるためには、朝の四時に行列に並び、午後の三時、四時まで立ち続けなければならなかった。それ以外に政治面でも、暮らしはますます苦しく、いよいよ困難になりつつあった。県の反革命取締非常委員会《チェーカー》や警備隊がその使命を果たしていたからだ。

ついに一九一八年の末、私たちはモスクワを離れざるをえなくなった。カフカスのどこかに行くつもりだった。たいへんな苦労のあげくにカザン〔ロシア連邦、タタールスタン共和国の首都〕に辿り着いたが、それ以上先には進めなかった。誰もが不安と緊張を覚えつつ待ち受けていた戦線が迫ってきたのだ。二週間後、スビヤシュスク鉄橋近くのボルガ上流に最初の白軍の汽船が姿を見せた。

カザンはその後二週間にわたって砲撃を受けた。カザンの火薬工場の周辺で砲弾が炸裂し、ヒュウという音を立てるさまは、凄惨な光景だった。赤軍から工場を守るために工員たちを招集するサイレンが哀れっぽく、不吉に鳴り響いていた。ある日の深夜、私たちは小さなボートに乗り、コーカサス&マーキュリー社の船着き場までうまく辿り着くことができた。短期間の停戦があり、この船会社の汽船は翌朝出発し、川を下ることになっていた。私たちは、平穏のうちに無事サマラ〔ヨーロッパ・ロシア南東部の都市〕に着いた。しかし、ちょうどその頃、白軍の敗走が始まり、ふたたび戦線が私たちに追いつき、猛烈な突風のように追い越してしまった。気づいてみると、私たちはふたたび赤軍支配下のソビエト・ロシアの側にいた。そこで、カフカスを目指すかわりにシベリアのオムスクへと方向転換した。戦線を横切るのは三度目だった。今回は赤軍がコルチャークにとって代わったのだが、さして変わり映えしなかった。ふたたび《モスクワの恐怖》が再現されはじめた。食料も燃料もないというのに、一体どこに身を寄せれば良いのか？

またしても逃げ出す羽目になった。今度運命が私たちを投げ出したのはロシアの最果て、ウラジオストクだった。もうこれ以上どこにも逃げ場はないように思われた。ところがどっこい、そうではなかった。ジェノバ行きの最後の船に乗って、私たちはウラジオストクを後にした。スピリドン・メルクーロフの政府〔極東の反革命政府〈沿海州臨時政府〉〕は、私たちのことを法の保護の外にあると宣言していた。そこで一九二二年初頭、私たちは大洋航路船に乗り込んでいた。その船は、アジアの東岸から南岸へと回っていくことになっていた……

◆ブルガリア北東部の都市シュメンにあるギムナジウムは、〈全露都市連盟第一ロシア語ギムナジウム〉に続いてコンスタンティノープルに設置された〈段階別・分野別中等教育拠点〉がブルガリアに学校ごと移転した際に設置された。ただし次の作文の書き手は、シュメンに来る前はドン幼年学校で学んでいた若者だ。

ノボチェルカスクにあったドン幼年学校は、敗色濃厚になった国内戦末期にはすでに消滅した幼年学校の生徒や各地のコサック部隊に所属していた若者たちを吸収しながら南に逃亡し、一九二〇年にノボロシースクからコンスタンティノープルを経由してエジプトへ集団疎開していた。ようやく二二年にコンスタンティノープルに戻ることができたが、学校の維持は難しく、上級生の一部だけがシュメンのギムナジウムに収容された。

「一九一七年以降の私の経験」(シュメン・ロシア語ギムナジウム六年男子、十八歳)

皇帝退位の頃、私は幼年学校にいた。その宣言を読んで理解できた者の大半は、思わず自問した。これからどうなるのかと。そして皇帝退位の結果がどうなるかを理解した者の多くは、病人のようなふらつく足取りで歩いていた。私もそのうちの一人だった。少年たちの行動、ぞっとするような彼らの振るまい、皇帝、皇后、皇太子の肖像に対する態度を見るにつけ、祖国と皇帝に対する敬愛を教え込まれなかった農民たちがこの先いったいどんなことをするのだろう、と考えずにはいられなかった。

この施設から退学したこと、さまざまなコミッサールにたらい回しにされたこと——その全てが私に影響を及ぼし始めた。あらゆる役所や駅に溢れかえったそんなコミッサールや兵士たちは、私をおびえさせた。私は彼らがこわくなった。ドン地方の両親のもとに帰り着いて、自分がふたたび古くからの国家機構の中に戻ったように感じた。しかしそれは最初のうちそう感じただけで、市内の暮らしをもっと注意深く見るようになると、ここでもロシアの大部分が感染していた雰囲気が蔓延していることに気づき出した。通りや広場に政治のことばかり議論するグループが現れるようになった。軍事情勢に関する市の公告は、多くの人々をふたたび不安にし、当局は民衆に祖国の破壊者たちとの闘いに参加するよう呼びかけざるを得なくなった。しかし大人たちは戦うことを嫌がったり怖がったりで、ほとんど集まりそうにもなく、ボリシェビキに対して何かできそうにもなかった。呼びかけに応えたのは若者だけ、しかしそんな若者は余りにも少なく、数にものを言わせるボリシェビキに押しつぶされてしまった。若者たちは退却に退却を重ねるほかなかったが、退却しながらも、ボリシェビキたちに大きな損害を与えた。ゆっくり退却しながら、兵士たちやコサックたちが考え直して、自分たちを助けに来てくれるものだと若者たちは考えていたが、助けはどこからも来ず、彼らは態勢を立て直してもう一度ボリシェビキとの闘いに臨むために、ステップに逃げざるを得なかった。ボリシェビキが市を占領してからというもの、通りから人影が消え、行きかうのは家宅捜索をする赤軍兵士だけだった。時々通行人が来ても、おびえたようにあたりを見回していた。ボリシェビキの略奪と銃殺と暴力はますます住民をおびえさせ、血に飢えた彼らの眼ができるだけ届かぬよう、人々は身をひそめ財産を隠した。

ボリシェビキに対する反乱や市街戦などもあるにはあったが、すぐに全員が正気に戻った訳ではなかったので、新政府は小部隊での戦闘を続けるしかなかった。

白軍の前線での失敗と退却に住民はパニックを起こし、白軍の後について逃げ出した。最初ボリシェビキを追い出した後に私が入った幼年学校は撤退した。まず徒歩でクショフカまで行き、そこからは貨物列車でエカテリノダールに着いた。エカテリノダールでは自由劇場に落ち着いた。そこで約一ヶ月間暮らした後、我々はノボロシースクに行くよう命じられた。ノボロシースクで、クショフカから直接こちらに向かった幼年学校生たちとふたたび合流した。茅屋《ぼうおく》ならぬ「茅兵舎」に分かれて陣取ると、我々は歩哨に立つようになった。粗末な兵舎、粗末な食事、発疹《ほっしん》チフスの患者が出たこと——こうしたことが重なって生徒の不満を呼び起こし、ボリシェビキに対する呪詛《じゅそ》の声が方々から聞こえてきた。ノボロシースクで、我々は校長と教師を一人、さらに六人の幼年学校生を埋葬した。

突然の撤退を我々は歓迎したが、出港する時、ほとんどの者が涙に濡れた目をそっと拭っていた。祖国との別れに、心は悲しみに溢れ、思わず自問した。母なるロシアをふたたび見ることはできるのか、それは近い将来のことなのか。航海の間、船上で外国語の授業が行われた。コンスタンティノープルに上陸して、トルコの首都の素晴らしさを見せてくれるという約束だったが、駄目だった。船に病人がいたからだった。食糧を受けとると、我々は船でさらに先へと出発し、キプロス島に到着した。到着したとみんな思ったのだが、病人のおかげでまたしてもうまく行かなかった。

港に停泊している時、イギリス人と島の住民がオレンジを差し入れしてくれた。そこに二日間停泊した後、我々の船はさらに先へと出発し、アフリカへと針路をとった。眼前に広がる絶景に我々は驚嘆した。たわわに実った椰子《やし》の木は、果実の房を低く垂らし、アラブ人の少年たちが少しでも早く、心ゆくまで飲みたいからと、房ごと引きちぎっている。ミナレット〔イスラム教の宗教施設に付随する塔〕とその下の建物が密集し、一面の屋根のように見えていた。我々はアレクサンドリアで降ろされ、まっすぐ検疫所に送られた。高い壁に囲まれた中庭にしか出してもらえぬ囚人のように、検疫所に軟禁された。三週間ほど隔離された後、難民キャンプに送られたが、他のグループとは別に、我々だけで収容された。校長の命令により授業が始まった。英語の学習だ。猛暑のため、日陰を探しながら歩いていると、酔っ払いのような千鳥足になった。イギリス人たちがシャワーを設置してくれたが、何の助けにもならなかった。このキャンプで勉強するのは無理だと見た校長は、幼年学校生を他のキャンプに移動させるよう尽力してくれ、我々は別の町に送られ、スエズ運河の岸辺に宿営した。授業は規則的に一日六時限あった。エジプトで二年半、素晴らしい環境で過ごした後、我々はブルガリアに送られ、幼年学校は解体された。幼年学校生の一部はコンスタンティノープルに残り、一部はチェコに送られたが、三つ目のグループはシュメンのロシア語ギムナジウムに行き着いた。私は第三のグループに入っていた。

◆次はドン幼年学校の下級生グループのひとりが書いた回想。彼はトルコに落ち着いたが、話題の中心は、むしろ二年間のエジプトでの避難生活にあり、しかもそこでの暮らしが楽しげに綴られている。

I・T・コロリョフ（エレンキョイ男子英語学校四年）

一九一八年、僕はドン幼年学校の一年に在学中だった。ボリシェビキがノボチェルカスクに侵攻してくると聞いて、僕たちの学校はスタロチェルカスクに向かった。十二月二十五日の夕方近くに、僕たちはノボチェルカスクを出発した。スタロチェルカスクにいつ着いたかはっきりしないが、たぶんそこで何日か過ごした後、さらにクショフカへと移動した。膝まである泥の中を歩かねばならなかったり、老朽化し穴の開いた橋をわたったりしなければならなかったが、僕たちのグループはある学校に泊まった。そこで食事が出され、少し服を乾かすことができた。たしか次の朝には駅に行き、そこで貨車に乗った。よく覚えていない。列車はチホレツク駅を通過してエカテリノダールに着いた。三日ぐらい貨車に乗っていた。エカテリノダールに到着すると、ある劇場に落ち着いた。

ひとつ書き忘れたが、〔クショフカまでの行軍の途中〕カガリニツカヤ村に着いた時、はじめて温かいスープと牛脂《サーロ》をご馳走になった。このコサック村には僕のお祖母ちゃんがいたので、クリスマスの最初の日にお祖母ちゃんの家に行った。中に入ると、最初は気づかなかったけれど、お葬式をしている。食事を出された後、僕と弟と友だちはお祖母ちゃんの横たわっている所に連れて行かれた。僕はひどく動転してしまったが、どうしようもなくて、みなと一緒にお祖母ちゃんを埋葬した。死に目に会えないで葬式に行き遇わせたことが、とても悲しかった。

そうそう、僕らは汽車でエカテリノダールに着いたのだった。ある時ドンの寄宿女学校もここにあることを知った。僕はためらうことなく男の子たちに、女学校はどこにあるのか問いただし、彼らと一緒にそこに向かった。しかしそこに着いて、タイシヤ・コロリョワはここにいないかと尋ねたところ、ノボチェルカスクに残ったという返事だった。エカテリノダールの後、僕たちは汽車に乗りノボロシースクに向かって出発した。途中でトンネルを通ったが、それまで僕はひとつもトンネルを見たことがなかったので、その時はじめてそれがどんなものかを知った。

ノボロシースクに着くと、兵舎に入れられ、そこにとても長いこと滞在した。この旅行というか行軍の間、僕たちは一度も着替えなかったので、虱《しらみ》がわいたし、生徒が何人か発疹チフスにかかった。それにノボチェルカスクを出発した時と比べたら、何も食べさせてもらっていないようなものだ。

でもとうとう僕らは兵舎を出て岸壁に行き、サラトフ号という名の汽船に乗った。少し進んだだけで（そんな気がする）アレクサンドリアに着き、そこで消毒が行われた。それから汽車に乗せられ、テル・エル＝ケビール〔エジプト北部の地名〕に着いた。ここではテントで暮らした。僕たちのキャンプ生活の間にテントがひとつ燃え出したことがあった。消し止めようとしたけど手遅れで、ほとんど丸焼けになってしまった。

僕たちがそこでどれくらい暮らしたかはっきりしないが、その後、汽車でイスマイリア〔エジプト北東部、スエズ運河の西岸中部にある都市〕に出発した。駅に着くとトラックに乗せられ、町中を走り始めたが、そのあと町を出て、最後はキャンプに、ほとんど二年間生活することになったキャンプに着いた。トラックに乗っている間、僕らは言葉にできないほどのよろこびを味わった。並木道の木陰を走っている間、僕たちは危険を顧みず、手を伸ばして並木の葉っぱをつかみ取ろうとした。キャンプに着いても、それまでそこに住んでいたインド人たちの引越しがまだ済んでいなかった。しかし、引越しが済むと、僕たちに住む場所が与えられた。テント毎に班分けされた後、お茶を飲みに出かけた。それから砂漠とスエズ運河を見物に出かけた。運河ではよほどのカナヅチでもなければ誰でも泳げた。僕はカナヅチだったが、三日目には泳ぎを覚え、そのあと潜水も覚えた。僕らは次の学年に引き上げられた。つまり僕は二年生に進級したのだった。勉強しようという意欲はなかった。ひどい暑さで泳ぎたかったからだ。ロシア語の先生だって僕たちを水泳に連れ出した。だから再試験を受けることになったが、試験を受けずに魚を捕まえていたので、僕は落第して二度目の二年生をやった。

あるフランスの祝日に水泳大会が開催され、僕は参加を、つまり潜水に参加を申し込んだ。すでに十分遠くまで潜水で行けるようになっていたからだ。ある建物に入ると、短い海水パンツを渡された。観客がとても多いので水着なしはまずかった。僕たちの潜る番が来たので、桟橋に出て飛び込んだ。なぜかそこは水が濁っていて、僕は目をつぶったまま進んで行って岩にぶつかった。そこは浅くて、ぶつかった衝撃で僕の両脚は水面から出てしまった。後で聞いた話では、まだ岸から遠く離れていなかったので、観客たちは笑い出したらしい。しかし僕は潜りつづけて二番になったので賞金五十ピアストル〔二分の一英ポンド〕を受けとった。そのほかに町の反対側にある飛行場にも連れて行ってもらったことがあったが、そこでは友軍機が走り回っていた。

全体としてかなりよい暮らしをしていた。二年間イスマイリアで生活したが、そこに僕らの幼年学校がコンスタンティノープルとブルガリアに移るという知らせが届いた。何の役にも立たない吹奏楽団用の楽器を海軍兵学校からプレゼントされた。楽器は倉庫に積み上げられ、誰も手に取らなかった。しかし一人の生徒がクラリネットを手に取り、壊れたところの穴を蠟で塞いで、演奏するようになった。これを見た他の生徒たちも楽器を手に取り始め、幼年学校の楽団として演奏した。だんだん吹奏楽団が出来上がり、僕たちは楽器を持って船に乗るようになった。僕たちが演奏しながら町を歩くと、アラブ人の子供が走って、大人は歩いてついてきた。僕らはイスマイリアの町に深い感銘を残した。汽船の上でも何度か演奏した。ボスポラス海峡を通り抜ける時、両岸に木々が見えた。

僕らの船は錨《いかり》をおろし停泊した。低学年はコンスタンティノープルに残って勉強することになると言われ、生徒たちは動揺した。友だちと別れたくなかったのだ。そのあとすぐに艀《はしけ》が来たので、僕らは乗り込んだ。艀が岸に向かって動き出すと、吹奏楽団が行進曲を演奏し始め、楽団の演奏に送られながら僕らは岸へと進んだ。埠頭に降り立った。荷物はまた艀が運んでくる。僕らは隊列を組むと、ブユク・デレに向かって徒歩で出発し、とてもきれいな建物のそばに来た。あとでそれがロシア領事館だと分かった。お茶をご馳走になった。幼年学校の校長で参謀本部付き中将のチェリャチュキン閣下の送別の演説に僕らはとても感動した。そしていま僕たちはエレンキョイにいる。

◆こんどの生徒は、二年をこえるイスマイリアでの避難生活のあと、チェコスロバキアに落ち着いた生徒。ブルガリアに送られた上級生に比べると幼いといえば幼いが、アフリカでの暮らしをエンジョイしている様が生き生きと描かれている。概してイスマイリアでの生活は、生徒たちに良い印象を与えたようだ。

プレシャコフ（モラフスカー・トシェボバー・ロシア語ギムナジウム三年男子）

リムノス島で一年近く暮らした後、僕たちはエジプトに向かった。穏やかな船旅で、周囲は果てしない地中海と空だった。だが遠方に岸が現れると、みな甲板に出た。岸がどんどん近づき、大きくなってきた。灯台が姿を現し、灯台の向こうには町が、町の手前には大きな港があった。そこかしこで汽船とヨットとボートが行き交っていた。港に着く汽船もあれば、出ていく汽船もある。そびえ立つモスクがいたるところに見える。これがあの巨大港湾都市アレクサンドリアだ。

僕たちは岸壁の間近まで来た。すぐに小舟に——帆掛け船やオールで漕ぐボートに——取り囲まれた。彼らは何でも売っていた！　しかし待っている暇などなかった。旅はアレクサンドリアで終わるのではなく、まだまだ先は長く、僕たちはスエズ運河沿いのイスマイリアへ向かっていた。

　下船した僕たちは、路面電車のほうに歩き出した。そこに着いて乗り込むと、市電は鉄道の駅に向けて出発した。「みんなぁ、着いたぞ」という声がした。僕たちが急いで下車して歩き出すと、列車はまだ入線していなかった。待つほどもなく列車がすべり込んできて、僕たちが座席に座るとすぐ走り出した。

　両側の車窓にどれだけたくさんのものが見えたことだろう。あちこちに棕櫚《しゅろ》が生えている荒野、巨大な庭園にも似た豊かな畑――ほらそこの畑では麦が育っている。ほかにも野菜畑と果樹園が。そこに生えていない植物なんてあるのだろうか！　だが果てしない砂漠が始まった。草木の生えていない砂地ばかり。ところどころに小さな灌木《かんぼく》のような草が生えているだけ。だが、砂漠をながめていた時間はそれほど長くはなく、その後ふたたび果樹園、牧草地、小麦畑が始まった。列車が停まった。最初の停車駅だ。次の駅までの行程はそれまでとまったく同じ、三つ目の駅までもそうだった。だが、ほら車掌がやってきて、次は何千人のロシア難民の住むテル・エル＝ケビールの駅だと告げている。

　機関車の汽笛が聞こえ、小さいけれど緑に囲まれた居心地のよさそうな町が姿を見せてきた。あれが先ほど名前を言われた駅だ。汽車が停まった。下車しプラットホームに出た。何という光景！　遠くにはロシア人たちの住むテントが見え、僕たちはそこに連れていかれた。宿営地に着くと、すでにテントが用意されており、ひとまずそこに落ち着いた後、僕たちは街を見物に出かけた。ただただ驚くばかりだった。ひと月ほどしたらイスマイリアに移るのだと、数日後に知らされた。

ひと月がたち、すでに出発の準備はできていた。駅に着いて乗り込むと列車が動き出した。僕たちは窓から目を離すことができなかった。たくさんの駅を通り過ぎた。そして今、ある駅に近づいている。〈Ismailia〉と書かれた大きな駅名標が見えてきた。とうとう自分たちの居場所に到着したのだ。一人ひとり下車し始めた。それから用意されていた数台のトラックに分乗し、大木がずらりと植えられている大通りを目的地に向かって走った。この並木道は果てしなく続いているように思えた。いや、そんなはずはなく、テントの並ぶ宿営地が見え始めたが、それはまだ僕たちのではなく、英国連隊の宿営地だった。さらに五百メートルほど進むと見えてきたもう一つの宿営地こそ僕たちの目的地だった。到着すると荷物を持ってトラックを降り、宿営地に入った。テントごとに班分けされ、ひとまずそこに落ち着いたあと、宿営地の周囲や中に何があるか見に出かけた。

宿営地は郊外の美しい場所にあった。前方には道幅十一、二メートルほどのあの並木道が、そしてその向こうにはスエズ運河から分離した湖〔河跡湖〕があり、「ワニ湖」と呼ばれていた。スエズ運河は僕たちの宿営地から八百メートルのところにあり、その背後には砂漠があって、そこを鉄道が通り、その鉄道の向こうにはリビア砂漠が広がっていた。右手には町が見え、ここから町までは椰子の生い茂る大きくて立派な公園になっていた。左手の板石を敷き詰めた大きな砂丘の上にフランス人の保養所、フェリ・ポストがたっていた。その背後でスエズ運河がカーブしていた。要するに、僕たちはとても美しい場所に住まわせてもらったのだ。

翌日は運河に水浴びに出かけた。水は温かく、水面は鏡のようだった。あちこちにブイが浮かび、汽船が通り過ぎて行く。運河の向こうには山々が見えた。そのとき別の部隊の生徒たちが、砂漠に向かって――かなりの大きさのトカゲがあちこち走り回り、ジャッカルや狐に出くわす砂漠の方に歩き出した。線路に沿ってしばらく歩くと左折し、大きな魚の泳ぐ小さな水路が縦横に走っている、椰子の植わった公園に向かった。木には色んな種類の鳥がたくさん止まり、さまざまな色のカメレオンもいた。だが五時までには全員集合せねばならず、ひどく残念だったが従うほかなかった。五時間後、宿営地は死んだようになっていた――みな眠り込んでいた。この贅沢な暮らしは三年ほど〔他の作文によれば二年〕続いた。三年後、僕たちはここを出ると告げられた。荷物をまとめ汽船で出発した。二百人がコンスタンティノープルのブユク・デレで下船し、僕たち百五十人はブルガリアに向かったが、そこでの生活はひどく気に入らなかった。丸一年住んだが、働かされた上に、秋には雨でずぶ濡れになるテントに暮らさねばならなかった。だが四十人はチェコスロバキアのモラフスカー・トシェボバーにあるロシア語ギムナジウムに送られると告げられ、そこには僕も含まれていた。

ブルガリアからの旅はとても興味深く、ブルガリアではたくさんのトンネルなどを通った。僕たちはユーゴスラビア、オーストリア・ハンガリーを抜け、とうとうチェコスロバキアのモラフスカー・トシェボバーにあるロシア語ギムナジウムに着き、今もここにいる。

◆左に訳出するのは、再び上級生の作文、最終的にシュメンのギムナジウムに収容されたドン幼年学校出身者だ。避難行が自分を押し殺したような暗く簡潔、そして詩的な文体で描かれている。しかし何より興味深いのは作文の最後、一転して皮肉な文体で書かれている、作文を課された時の様子の描写だ。心理学についての皮肉な物言いは、戦争の子どもに与えた精神的影響といった説明を教師がしたためだろう。この課題作文を主導したゼニコフスキーも、いまでこそ宗教哲学者として有名だが、当時はコメニウス記念ロシア教育大学——各種学校の組織者、最先端の教育理論の実践者の養成を目指す大学院レベルの高等教育機関——で児童心理学者として教鞭をとっていた。

「動乱期（一九一七〜一九二四年）の思い出」
（シュメン・ロシア語ギムナジウム七年男子、十八才）

それは一九一九年のことだった。歩いたこともあった、馬車や汽車や汽船に乗ったこともあった長い長い放浪の果て、ついに私たちはボルガの川岸に立ち、対岸に目を凝らしていた。だが、ほとんど何も見分けることができない。ボルガは嵐だった。砂の上を波が足下まで寄せてきていたのに、それに気づかなかった。対岸にはもうコサックがいることを、私たちは知っていた。果たしてこれで放浪が終わるのか？　そこに本当にコサックがいるのか、はっきり知っていたわけではなかったからこそ、そうだと信じたかった。次に私たちは漁師たちに近づき、対岸まで運んでくれと頼んで回ったが、嵐だからとみなに断られた。どうすべきか？　対岸で運試しをすべきではないのか？

いま私たちは対岸にいる。小舟は帆をあげ、波を穿《うが》ち、私たちを頭の先から足の先まで全身ずぶ濡れにしながら、矢のように疾走して行った。周囲にあるのは嵐と波しぶきだけ。次の瞬間、小舟は岸の砂地に乗り上げていた。漁師にさらに質問。すると煮え切らない答え。「いったいこのあたりのどの辺にコサックはいるんだ？」「そんなこと知るもんかね。はなからいねぇかもな」。

どちらに進むべきか？　左か？　五キロほど歩いた。川岸に沿ってずっと。崖の下だ。丘の上には小さな村が。ほら誰か下りてくるではないか。毛皮の帽子が見える。だが、記章はついていない。トゥループ〔両面毛皮の外套〕のようなそうでないような。シニェーリ〔軍人外套〕か？　肩章はどこだ？　長靴《ちょうか》……騎兵用のライフルが肩に……。コサックかそうでないのか？　近づいてくる。善良そうな顔だ。

「こんにちは」と話しかけた。そして静かにつけ加えた。「コサック村のかた……」。固唾をのむ私たち。だが彼は驚いたふうもない。コサックなのでは……。私たちはソビエトのお金も持っていたが、ツァーリのお金の方を渡した。

「身内は赤軍にいるのか？　いない？　じゃあどこに？　知らない？　そいつはいい。あんたたちが知らんのはいいことだ。ついて来い！　あんたたちは逮捕された」。どこかの中庭に連れて行かれた。腰を下ろした。何かが起こるのか？　逮捕されて腹立たしいということはなかった。むしろ逆で、私たちはソビエトから来たばかりだが、すでに登録されていた。もちろん釈放されるだろう。ただ誰も私たちに何の注意も払わないのはなぜなのか？　まるで目に入らないかのように。私は立ち上がって、中庭を歩き回った。門のすき間に目をつけて……全身に震えが走った。心臓が波打ち、なぜかため息さえ出た――不安のためとも安堵のためともつかぬため息が。私がその全身像を目の当たりにしたのは……ひとりの将校だった。クバン帽〔クバン・コサックの毛皮の帽子〕、白い肩章、軍刀。まだ若い。コサック軍の少尉だ。「ウラー」と叫びたかった。荒ぶる幼年学校魂、しかし……門の所から追い払われてしまった。

退屈だ……。

深夜、リュックサックを枕にして地べたに寝ていた私たちは叩き起こされた。例の将校と灯火を持ったコサック兵がいた。思いがけず、なぜかすぐに目が覚めた。

「本官の部屋に来い！」

いったい何なんだ？　おとなしく集合した。出発した。この連隊の一部の連中がただ単に略奪したかっただけだ。奴らはこの子たちのリュックに一体どんな貴重品が入っていると考えたのだろう？　この子たちをどうするつもりだったのか？　コサック兵のひとりが将校にそう言った。

略奪する……本当に？

翌日、私たちは無事馬車に乗っていた。

次の出来事は、似たような状況だったためか、これ以上ないほどはっきりと思い出される。

エジプトでちょっとした遠足に出た時のことだった。私たちはスエズ運河の岸でぐっすり眠っていた。やはり例の中庭の時と同じように突然、私は目が覚めた。あわてて肘をつき、少し体を起こした。足下すぐ近くに一頭のラクダのシルエット。その後ろにはまだ数頭いる。アラブ人だ。何か話し合っている。

「サイデ・アヒヤ」、アラビア語で挨拶した。

「サイデ」といくつかの声が答え、すぐに尋ねてきた。「イギリス人か?」。

「ちがう、ちがう!」。私は大急ぎで疑いを晴らそうとした。アラブ人はイギリス人を憎んでいるからだ。「ロシア人」と説明した。その時すぐに思い出されたのが、あのボルガの川岸での「コサックかそうでないのか?」。完全に味方につけるため、私はアラビア語で言った。

「アラビア人よい人。イギリス人悪い」。

「ロシア人よい人。ロシア人ハラショー」と返礼として答えてくれると夜の奥へ、果てしない砂漠のどこかへ遠ざかっていった、きしむような音をリズミカルにさせながら。

再び静寂。

左の方で投光器が光った。運河を客船が進んで行く。船中灯りがともっている。地中海を目指して行く。どこから? おとぎ話のようなインドから? 中国から? 一時間後、船の投光器は私たちのキャンプを照らし出している。みな眠っている。ただひとり、幼年学校生の歩哨が詰所用のテントの回りを歩いている。光の束を受けて軍刀が輝き出し、木立から伸びる影が白いテントの上を走り始め……ジャッカルが吠えている……

いま私はシュメンのロシア語ギムナジウムでこの回想を書いている。朝早くから、何のために十一時に教室に集合する必要があるのか、というテーマについて多くの解釈が提出された。多くの噂が飛び交った。その第一は、誰も市内にいないようにするためだという噂。その時間に市内でコミュニストたちをギロチンで処刑するからだという。このギロチンをその目で見た者さえ現れたし(だが、それは明らかにキュリロスとメトディオスの祝日のためにしつらえられた四阿《あずまや》だった)、そのコミュニストたちにも子供がいるだろう、その子たちは孤児になってしまうではないか、ともう泣いている女の子たちもいた。大真面目でそう信じていた。第二の噂は、我々のギムナジウムがソビエト政府からの恩赦を受け、ソ連の学校がうちから聴講生を受け容れることになったというものだった。集合するのは、調査票に記入するためなのだと。これは誰も全く信じなかった。第三は、トルキスタンの反乱。米軍が志願兵を募集しているという噂。第四は五分間じっとして内戦のことを考えるのだという噂。第五は……。なるほど！　鉛筆を持ちなさいだって!?　ロシア語で作文を書きなさい。誰よりも上手に書けた人はプラハに行くことになります、とか何とかそんなふうなことが。

十一時に集合した。まさにこの紙が配られた。下書き用の紙ももらった。しかし、ほとんど誰も下書きしなかった。どういうことなのか説明された。これこれしかじかだと。心理学。首尾よく書き終えようとしている。心理学万歳！　とはいえ私にはやはり哲学の方が気に入っている。成功をお祈りする。いつでも何なりとお申しつけ下さい……

◆ロシア北西部の港湾都市アルハンゲリスクには、ロシア内戦期の一九一八年から二〇年にかけて、ニコライ・チャイコフスキーを指導者とする反革命臨時政府が形成されたり、白軍の拠点となったりした。作文の中に現れるイギリス軍とは、一九一八年八月に共産革命の崩壊を企図してアルハンゲリスクを一時期占領したイギリス軍を指す。
北極海航路のターミナル港であるアルハンゲリスクからの、最初の亡命先はノルウェー。亡命の経路からもロシア帝国の版図の広大さがうかがい知れる。

君主制主義者が女装して逃亡を図っているのではないかとボリシェビキが疑い女の乗客を臨検したというエピソードは、臨時政府の首相ケレンスキーが十月革命で打倒されると、閣僚たちを残して、自分だけ女装してアメリカ大使館の車で冬宮を脱出したという逸話を思い出させる。

（ザグレブ全露都市同盟実科学校七年女子）

革命時、私たちの町アルハンゲリスクはまったく平穏だった。クーデターが起きて権力がボリシェビキの手に落ちると、アルハンゲリスクでもいくつかの建物で家宅捜索が始まった。それでも生活することはできたので、私たち（つまりうちの家族）はまったく平穏に、すべてに満足して暮らしていた。しかし次第にボリシェビキが残忍さをましていき、逮捕と銃殺がひっきりなしに、家宅捜索が毎日真夜中に行われるようになった。住民たちは憤慨したが、ボリシェビキがその手を緩めることはなかった。あるとき（多分、一九一九年）イギリス軍がムルマンスク付近に上陸したという噂が立った。アルハンゲリスクは包囲状態に置かれたと宣言され、ボリシェビキはできる限りの物を運び出した（木材、パン、魚などなど）。

ある日、いつもより早く帰宅したパパから、銀行のお金をすべてホルモゴルイ〔アルハンゲリスク近郊の町〕に運び、パパたち行員も全員そちらに移るようにという指示が届いた、と言われた。汽船に乗り、今までうちに落ち着いていた私たちが、急にアルハンゲリスクを離れることになった。今とても平穏だというエメツクに向かった。確かに最初の数日はとても静かだったが、すでにアルハンゲリスクの近くまで侵攻していたイギリス軍との戦闘のために動員令が出された。農民と町の住民は猛反対し、エメツクにいたボリシェビキの部隊と戦うために軍隊を組織した。アルハンゲリスクに戻るのはもはや危険になっていた。つまりそれはボリシェビキが退却する時、アルハンゲリスクを爆破するに違いなかったからだ。それがいつ起きても不思議ではなかった。残ったパパからの手紙によると、アルハンゲリスクがイギリスの勢力下に入るのは明らかだった。住民は連合国側を攻撃する立場をとることはなく、一方ボリシェビキ軍はロシア中央からまだ到着していなかった。多かれ少なかれまともな人たちが入れられていた監獄から、看守役の哨兵たちが逃げ出したので（これらの監獄の多くはアルハンゲリスクに近いムヂユガ島にあった）、囚人たちはみな解放された。イギリスと戦うのは圧倒的に分が悪いと見きわめたボリシェビキは、白海からドビナ湾に入る航路を遮断することに決め、そこに多くの船を沈めた。

しかし、うちの家族にさらなる不幸が襲った。私がはしかに罹《かか》ってしまったのだ、それも重症の。ママは、どうなろうとアルハンゲリスクに行くことに決めた。パパがいつ逮捕されてもおかしくない状況なのだからなおさらだった。汽船に乗り込む時、私たちは乗客がひどく動揺しているのに気づいた。どの兵士も両手に手榴弾を握りしめていた。下船が禁止されていた。二度と光を見ることができないという恐怖に襲われた。実はボリシェビキが、彼らの見解によればその船に乗っているはずの、あるお金持ち（名前は覚えていない）を引き渡すよう船長に要求していたのだ。そのお金持ちが強硬な君主主義者であると知ったボリシェビキが、逮捕しに来たのだった。船上でボリシェビキは、女の人ひとりひとりにしつこくからんだ。その男が女装しているのではないかと疑っていたのだ。結局、何も見つからないので、ボリシェビキは船を爆破することに決めた。ああ、どれほどの恐怖をみんなが味わったことか！　だがどうにか無事にすんで、船は解放された。

翌日、私たちは再びアルハンゲリスクにいた。町はその日の深夜一時に爆破されることになっていた。私たちのアパートは赤軍兵に占拠されていたので、別のアパートに行った。どの窓も一日中カーテンを閉め切り、窓が中庭に面している一つの部屋で家族全員が寝た。私は病気で伏せっていたので何も見えなかったが、我が家を覆っている不安だけで、何かがうまく行っていないのだろうと推測できた。夜の十時、私たちはなぜかわからぬまま起こされ、外套を着せられた。どこかに連れて行かれるためらしい。何が起きたのか、まるで分からなかった。両目が塞がっていた。発疹のために目がひどく痛かった。窓のカーテンが取り外された。その時、私の目に何が映っただろう？アルハンゲリスク全体が明るく照らし出されている。騒音と話し声。みな走り回り、何かを引きずっている。そんなことが朝の五時まで続いた。五時に砲声が聞こえたが、それは建物が揺れるほど大きかった。どこからかパパが現れ、ボリシェビキが逃げ出し、イギリス軍がドビナ湾に入ったと言った。私たち全員が臨終を待っていた。体がすくんでいたが、ドアを強くたたく音に我に返った。どこかの司令部から派遣されたという男の人が頼みに来たのだ。この建物にいる男の人みんなで（アルハンゲリスクの町外れにある）門のところに行き、逃げ出そうとしているボリシェビキを捕まえてほしいと。パパと数人の男の人が出かけて行き、十九人つかまえた。アルハンゲリスクにボリシェビキはいなくなったが、イギリス人もいなかった。このとき通りに出ていたなら、ありとあらゆるものを見られただろう。誰かが残していった長靴、シーツ、婦人用の帽子、スカーフなどたくさんの品々がそこにはあった。あたり一面の静けさと空虚さのなかに、突然、騒がしい音が聞こえた。人々がどこかに向かって走っていた。教会中の鐘が鳴り、ドビナ湾のすべての汽船が汽笛を鳴らしていた。人々が「万歳」と叫びながら、ハンカチや帽子など、手にしていたものは何でも振り回していた。何と、ドビナ湾をゆっくりと巡洋艦が進んでくるのだ。巡洋艦は川の真ん中でとまり、ボートを下ろすと、大部分の乗組員とプール将軍〔大英帝国の軍人〕が上陸した。私たちのアパートは窓が海岸通りに面していたので、このような光景を見ることができた。アルハンゲリスクは救われた。アルハンゲリスクを爆破するためペテルブルグから向かっていた装甲列車は間に合わず、アルハンゲリスク近くのクラースナヤ・ゴールカで停車し、その後ペテルブルグに引き返さざるを得なかった。連合国のアルハンゲリスク到着とともに、以前のような暮らしが始まった。みんなが自分の仕事に精を出し始めた。新しくなったのは、政権がミレルを総司令官とする白軍の手に渡ったということだけだった。ときどき新兵の徴募があり、軍隊に寄付するため、私たちのギムナジウムではしばしばチャリティー・パーティーが開かれた。この年の夏、私たちはノルウェーに行った。パパは健康状態が思わしくなく、治療が必要だったのだ。そのため私たちは冬の初めまでそこにいた。クリスマスが近づいたころ、イギリス人がアルハンゲリスクから撤退し、町はボリシェビキに占領されたという知らせを受けとった。

◆次は、トムスク〔シベリア西部トムスク州の州都〕に成立した反ボリシェビキ政権の閣僚となり、その後もチェコスロバキア軍団と行動を共にした政治家の娘の作文。したがって彼女の移動も、シベリアから極東ロシア、日本、イタリアそしてチェコという経路をたどったのであろうが、作文にはウラジオストクのことまでしか書かれていない。

チェコスロバキア軍団は第一次世界大戦中にロシア帝国がオーストリア・ハンガリー帝国軍のチェコ人及びスロバキア人捕虜から編成した軍団級部隊。ロシア軍が存在しなくなった十月革命後、軍団は当時フランス陸軍に編成されつつあったチェコスロバキア人部隊の一部をなすとされた。駐留していたウクライナでは激しい内戦が繰り広げられており、急ぎ撤退することが軍団にとって急務であった。チェコスロバキア民族会議の指導者で後の初代大統領のマサリクは、軍団をウクライナから引き離し、遠回りにはなるがソビエト勢力がまだ弱いシベリアを鉄道で横断して極東のウラジオストク港から船で日本・アメリカを経由、フランスへと回送することを思いつき、ボリシェビキ政権からシベリア経由での移動について正式な許可を取り付けた。こうしてチェコスロバキア軍団の大移動は始まった。

そうした中、一九一八年の五月にチェリャビンスクで、軍団とソ連軍が全面衝突するに至る。原因とその経緯については諸説あってはっきりしないが、結果的に軍団は反ボリシェビキ闘争に荷担することになった。この頃の地方ソビエトはまだ十分な軍隊を整備できておらず、いわば「烏合の衆」にすぎない赤軍はチェコスロバキア軍団の敵ではなかった。軍団は様々な反革命勢力と手を結びつつ、母国に帰還するための交通路であると同時に広大なシベリアで唯一無二の補給路でもあるシベリア鉄道に沿ってペンザ、サマラ、オムスクからイルクーツクに至る諸都市をたちまち占領してしまう。

革命勢力に対する反乱と勝利の結果、チェコスロバキア軍団はサマラでは社会革命党《エスエル》政権、オムスクでも社会革命党《エスエル》が多数派を占める全ロシア臨時政府をというように、南東ロシアからシベリアにかけて次々と反ボリシェビキ派の政権を擁立することとなった。一九一八年九月には各地の反ボリシェビキ勢力の代表者がウファ（現在のロシア連邦バシコルトスタン共和国の首都）に集まり社会革命党《エスエル》と立憲君主党《カデット》が中心になって全ロシア臨時政府が樹立された際も、軍団の支持がものを言った。ところがその一週間後にコルチャークがクーデターを起こして民主政権を倒すと、一転して反動的な独裁体制をしく。クーデターによって自分たちが支持した民主勢力が追い落とされた以上、軍団がシベリアにとどまる理由はなくなったが、軍団が形式上その配下に所属していたフランス軍は前線にとどまるように説得した。そこで軍団は致し方なくフランス軍司令官の命に従い、反動化した臨時政府を守るため軍務についた。

そうこうするうちにコルチャークは民衆の人気を失い、抵抗運動が始まった。反コルチャークのパルチザンたちはしばしばチェコスロバキア軍団が護衛している鉄道を襲撃した。軍団は重要な補給路を守っているはずではあったのだが、反動的な政権を守っているかのような、反動勢力のためにロシアの民衆と闘っているような気分が兵士たちの間に広がった。当然ながらパルチザンたちはチェコスロバキア軍団をコルチャークの傭兵と見なして忌み嫌った。

一九一九年十一月、ボリシェビキが西シベリアのオムスクを占領する。この際、いたずらにパニックを招くとして事前の疎開がおこなわれなかったため、元々良好とは言いかねたチェコスロバキア軍団とコルチャークの独裁政権との関係が決定的に悪化した。しかし、フランス軍から派遣されたジャネン将軍は、コルチャークにチェコスロバキア軍団の庇護下に入るように強く要求、コルチャークはそれに従うほかなかった。この頃、東シベリアのイルクーツクでクーデターが起こり、今度は左翼——すなわち社会革命党《エスエル》とメンシェビキ——が中心の反ボリシェビキ勢力の政治評議会が権力を掌握した。チェコスロバキア軍団がコルチャークを引き渡したのは、巷間伝えられるように直接ボリシェビキにではなくこの評議会であったが、この評議会はほどなくボリシェビキに打倒されてしまい、コルチャークは赤軍によって銃殺された。

（プラハ・ロシア語ギムナジウム二年女子）

ボリシェビキがイルクーツク〔バイカル湖西岸の内陸都市〕に進撃してきました。この時パパはチタ〔ロシア中東部、東シベリア南部の都市〕に逃げました。わたしとママはボリシェビキの味方の召使いと三人だけになってしまいました。大砲のたまがうなり、空っぽの大きな自分たちの家がとてもこわかったです。何日もずっと窓もあけずにとじこもったきりで、雪を飲んでいました。裏に広い公園があったんですが、ある時、うちに兵隊たちが来て、その公園に白軍がかくれていると言いました。ママはぜったい誰もいないと言いました。そのとき彼らは、もしも誰か見つかったら家をこわすぞと言いました。こんなふうにわたしたちは八日のあいだビクビクしながら過ごしました。

ある晴れた日、大砲がやんだので窓をあけると、日の光が明るくさし込みました。わたしたちのところに召使いがやって来て、「ボリシェビキが負けました」と言いました。町にチェコ人たちが入ってきたと。彼女がそこまで言ったとき、部屋の中にパパが入ってきたので、うれしくて楽しい気持ちになりました。パパはものすごく遠くから、はじめは自動車に乗り、そのあとはチェコ軍団の列車に乗せてもらったのでした。今すぐに荷づくりしなさい、オムスクに行くんだと言いました。わたしたちのため特別な客車が用意されていました。

オムスクのおばあちゃんの家につきました。おばあちゃんがやさしくしてくれたので、そのままおばあちゃんのところに残りたくてしょうがありませんでした。でも、パパがシベリア地区議会の議長になったので、わたしたちはトムスクに行かなくちゃいけなくなりました。パパとママが何日間もずっとご用でいそがしかったので、わたしは乳母に世話をしてもらっていました。ある時、パパをむかえに自動車で出かけたことがありました。パパが乗り、家にむかって走っているとき、急に車がとまったので、パパはピストルをつかみました。ドアがあき、のぞきこんできた人はマスクをしていました。運転手の方にも別の人が。パパはどうすることもできませんでした。娘だけは歩いて家に帰らせてやってくれ、とパパがたのんでも、車をおりることを許してもらえませんでした。わたしたちはどこか知らないところに連れて行かれました。パパは何か書いて窓から投げることを思いつきました。わたしたちのうしろにはパパの友だちのラドラ・ガイダ〔チェコスロバキア軍団の司令官〕の自動車がいるはずでした。わたしたちはどこかよく分からない建物に着きました。気がつかないうちに急にどこかで自動車の音がしました。「助かった」とパパは言いました。この時、わたしたちのところにガイダと将校たちが入ってきました。わたしたちは車に乗って家へ出発しました。

そのあと思い出すのは、もう中国人、日本人、アメリカ人たちが行ったり来たりするウラジオストクにいる自分です。わたしたちはスベトランスカヤという大きな通りで暮らしました。そこに一人、とてもあやしい人が住んでいました。困難な時期が始まりました。チェコ軍団だけでなくボリシェビキも市内にいました。ボリシェビキが必死でパパを探し回っていたので、とうとうパパはアパートを出てグニロイ地区に移り、ガイダの参謀本部にかくれなくてはなりませんでした。ママも後をつけられるようになりました。ママは日曜学校〔成人向けの学校〕の校長先生になったので、そこにわたしとママが住むための部屋がもらえました。パパのところに行くには、山から下りて（わたしとママは山の上に住んでいました）自動車で連れて行ってもらいました。何回かスパイをまくために長いことドライブをしなくちゃいけませんでした。

もうこれ以上あのころの事件を書くのはやめます。ガイダの反乱があったと言うだけにしておきます。すでにみんな用意されていて、わたしたち（わたしとママ）は駅の近くのあるお医者さんにかくまってもらうために出かけました。パパとチェコ人たちが駅にいたのです。わたしたちの車は無事に哨兵線を通りぬけ、お医者さんの家に着きました。夜中に急に、耳がおかしくなりそうな大きな爆発がありました。みんな外へとび出しました。「始まるな」とお医者さんが言いました。ママはひざまずいていっしょうけんめいお祈りをしていました。まわり中火の海でした。コルチャークとガイダのどっちが勝つのか、わたしには見当がつきませんでした。つぎの朝お医者さんがようすを見るために出かけるというので、わたしはせがんでいっしょに連れて行ってもらいました。人っ子ひとりいない通りを歩いて行くとちゅうで会った一人の兵士から「コルチャークが勝った」というおそろしいニュースを聞かされました。わたしは雷に打たれたようなショックを受けました。パパはいったいどこにいるのだろう？

わたしたちは家に引き返しました。もう十分でした。お昼ご飯を食べ始めた、その時、庭を歩いている人が目に入りました。わたしにはそれがパパだと分かりました。うちの家族はすぐに隠れないといけない！　いつの間にかパパは姿を消してしまい、自分たちがどこに向かっているのか、わたしには分かりません。ヤニークさんが迎えに来てくれて、どこかの家に向かいました。その時からもっとも興味深い物語が始まったのです。わたしはパパとしょっちゅう会えなくなりました。しかし、ある日ボリシェビキがたおされました。パパに会えるのがとてもうれしかったです。わたしにとってはすべてが落ち着きを取りもどしていました。しかしパパとママは安心できません。パパは農業大臣になりました。アパートがなかったので金角ホテルで暮らしました。反対がわには日本のホテル、セントラルがありました。ある日、いまもなぜか分からないのですが、そこのベランダがくぎで打ちつけられてふさがれていました。わたしはとてもびっくりしました。

もうすぐベルが鳴るので書くのをやめます。いちばん悲しいことは、実はその先にあったのですが……。

◆次もシベリア出身の生徒の作文。「何年だったかは正確には覚えていないし嘘はつきたくないので言わないことにする」だとか「目の前には大きな道があり、それについて詳しく描写する時間はないが」などと、悲壮感とは無縁のとぼけた筆致が異色というか貴重ではないか。

アブダノビッチ（モラフスカー・トシェボバー・ロシア語ギムナジウム三年男子）

僕はシベリアの小都市クラスノヤルスクで生まれた。クラスノヤルスクはエニセイ川の河畔にある。この川は可航河川だ。郡役所のあるミヌシンスクまで行く時は船で川を遡った。クラスノヤルスクでは色んな地区に住んだ。読者に断っておかねばならないが、クラスノヤルスクは、他の市と同じように多くの区に分かれている。しかし、その名を僕は覚えていないし、また覚えるのが大変なのだ。何しろ僕はまだ小さかった。僕たちはクラスノヤルスクを出て、いくつかの町に住んだが、何のためか、どんな訳があったのかはさっぱり覚えていない。少しだけ覚えているのはトムスクだ。トムスクを描写することは、クラスノヤルスクと同様、僕にはできない。ただ知っているのは、トムスクが大学町として認められているということだけだ。

しばらくたって僕たちはトゥルン村に引っ越した。面白いことに、トゥルン駅はトゥルン村から四キロも離れたところにある。駅から村までの道の両側には森が広がっている。僕はまだ小さかったが、この道のことは良く覚えている。この道を何度も行き来したからだ（もちろん一人ではない）。トゥルン村はあまり大きくなかったが、シュルクノフ&メテレフ商会の大きな店があった。この店はまるまる一ブロックを占めていて、日常生活に必要な品物は何でも見つけることができた。そこには、やはり同じ人が所有する蒸気製粉所や村中の電気をつける発電所があり、ほかにも製材所や桶、木工、金属加工など多くの工房があったが、それはみな一つの敷地の中にあった。

しばらくそこに住んでから、パパはニジネウヂンスク〔イルクーツク州の都市。シベリア横断鉄道沿いにある〕に転勤になった。ニジネウヂンスクはトゥルン村に比べると少し大きい程度だったが、ギムナジウムがあった。パパは僕をそこに入れることにした。ギムナジウムのある先生のところでしばらく受験勉強を見てもらった。

とうとう僕にとって苦しい瞬間が来た。入学試験の日だ。試験に合格した僕は一年生になった。僕がそこで勉強したのはほんの短い間だけだ。というのもすでに内戦が始まっており、僕たちのギムナジウムは野戦病院（つまり戦場の病院）にされてしまったからだ。一学年も終えないうちに僕はしばらく勉強から離れなくてはいけなくなった。

それからまたしばらくして、ニジネウヂンスクにチェコ人たち〔チェコスロバキア軍団〕がやってきた。さらに少したった十二月二十日、何年だったかは正確には覚えていないし嘘はつきたくないので言わないことにするが、ニジネウヂンスクはボリシェビキらに占領された。ボリシェビキが来たことが僕に与えた印象は書かないでおこう。どうやって、どれほどの時間をかけて僕たちがチェコ人たちに受け容れられたのか、またどんなルートで町を出たのか、もっと正確に言えば「疎開した」のか、正確に言うことはできない。目の前には大きな道があり、それについて詳しく描写する時間はないが、この道のことは読者のみなさんにかいつまんでスケッチしたいと思う。僕たちの目的はウラジオストクに辿り着くことだったのだ。ニジネウヂンスクからそこまでの距離は六千キロあった。もっともこの数字には自信がなく、たぶんそれくらいだったと思う。僕たちは「テプルーシュカ」（シベリアでは貨車をそう呼んでいた）に乗っていた。道の真ん中をチェコ人たちが歩き、その両脇を、みなが凍え、病んでいたロシアの軍隊が歩いているのを――いや、正確に言うと脇によけて道を譲っているのを――見るのは心が痛み、自分の見たその光景を思い出すのもいやだ。とうとう僕たちはウラジオストク駅に着いた。

ウラジオストクは大きくて美しい港町で、日本湾〔ピョートル大帝湾あるいは金角湾と日本海を混同したか？〕に面している。ここに一年ほど住んでから僕たちは輸送船に乗り込んだが、そこには船員のほかに七千五百人が乗船していた。この汽船はイギリスのもので、名前はプレジデント・グラント号だった〔実際はアメリカ合衆国軍の船〕。

◆執筆当時すでに二十二歳を回っていたと思われるポゴレリスキーは、自身の経験をはっきりと「放浪」と呼んでいる。彼の地理的移動は、白軍に志願しながら敗走し、ボリシェビキに捕らえられて赤軍の兵士となったかと思えば、こんどはコサックの連隊に降伏し、その一員として再びボリシェビキと戦うという有為転変と重なり合っている。戦争に憧れた少年も、放浪の途中で物乞いまでした挙げ句に辿り着いたコンスタンティノープルでギムナジウムに入学して考え方が変わったのだろう。作文の冒頭で革命以前を「あの頃学校で経験した時間ほど心地よい時を過ごしたことはない」と書いているのは、そうした懐古的視点がもたらしたものにほかならない。

ゲオルギー・ポゴレリスキー（モラフスカー・トシェボバー・ロシア語ギムナジウム八年男子）

一九一七年、私はクバン地方、スラビャンスカヤ村の実科学校に在学していた。生活は順調。暮らしはいうまでもなく楽しく、とりわけ私の置かれていた状況は快適そのものだった。なぜなら私は、家族のなか、ほぼ同年齢の者のなかでも特別扱いされていたからだ。実科学校の生徒であることをやめた時から今に至るまで、あの頃学校で経験した時間ほど心地よい時を過ごしたことはない。手短に言えば、一九一七年から一九一九年までの時期については今でもいちばんよく思い出す……、それは学校やギムナジウムの生徒全員に、あるいは恵まれた環境にあった若者すべてに典型的な生活といえる。

しかし私の人生において破滅的なものとなる一九一九年がやって来た。今後もこの年を思い出し、呪詛するのは私ひとりではないだろう。退学せざるを得なかった学徒、動員されて軍隊に入らざるを得なかった学徒はみなそうなのだ。今でもこの頃のことを思い出すと悲しくなるが、学徒動員の時は全くそうではなかった。自分もついに異郷の地に、方々の遠い所に行けるというので大喜びした。そうした異郷について、年齢的にトルコ戦線にもドイツ戦線にも行くことのできた兄たちが有頂天になって話していたからだ。私は兄たちが羨ましくてしょうがなく、家にいて学校に通うだけの自分を呪い、そんな生活に何一つ新しいものを見いだせずにいた。だが、言ってみれば「自分の番」が回ってきたのだ。私たち生徒は動員がうれしくてたまらず、喜びのあまりみんな何をして良いのか分からず、闇雲に飛び跳ねたり叫んだり走り回ったりした。エカテリノダールに連れて行かれた私たちは、そこで健康診断を受けたあと、誰がどこに行きたいのか、つまり自分がどの部隊への配属を希望するかを決めた。

私は、バビエフ将軍〔元ロシア帝国の軍司令官で白軍の指揮官〕の師団に勤務しているツァリーツィンの兄のところへ行くことになった。この頃から私の放浪が始まり、その結果今の私がある。サレプタ（ツァリーツィンの近くの駅）に着いて兄を見つけたが、もう翌日には前線一帯で退却が始まり、それはソチにおけるV・モロゾフ将軍〔ロシア帝国の軍人だったが一九一八年労農赤軍に入隊し白軍と戦った〕の降伏で終わった。この間、私はとても多くのことを学んだ。ボリシェビキの部隊との戦闘に参加し、冬のカルムィクの無人の荒野を行軍するなか由々しい危険にさらされ、ボリシェビキに襲撃される羽目になった。だが幸いにも、師団に残ったごくわずかなコサックたちとともにクバン地方に辿り着くことができた。懐かしい土地に足を踏みいれながらも、しかし私は、長旅の果てに帰郷した旅人が味わうはずのものを味わえぬ運命だった。ここでも不安、気苦労、移住が始まり、敵の襲撃に対する恐怖を誰もが抱くようになった。退却はさらに続いた。クバン地方を離れ、私たちは黒海沿岸に辿り着いたが、間もなくここでボリシェビキに降伏することになった。この時から私はボリシェビキの捕虜となり、エカテリノダールの労働者大隊に配属された。赤軍の武装兵である私たちは、反乱の鎮圧に出動せねばならなかったのだが、大隊全体がボリシェビキに反感を抱いていたので蜂起したコサックの連隊に降伏するという形で、赤軍兵時代は終わった。再びボリシェビキと戦うことになった。すでに一九二〇年になっていた。

しかし、死に物狂いでボリシェビキと戦ったにもかかわらず、私たちはカラチャイ人〔北カフカスに住むテュルク系民族〕の住む山中にまで退去し、そこからクハルスキー峠〔クルホルスキー峠の別名。ロシア連邦カラチャイ＝チェルケス共和国とジョージアとの国境にある急峻な峠〕を越えてグルジアに逃げねばならなかった。私たちが峠越えをしたのは一九二〇年十一月二十日、つまり夏でさえ通るのが困難なこの峠がまったく通行不可能な時期だった。多くの者がこの峠を越えることができず、氷河と万年雪のなかに永遠に残され、脱出できたのはごく一部の者だけだった。一度グルジアに行った者は二度と行きたいと思わないというが、飢え、疲労困憊《こんぱい》し、ほとんど服も着ていないような私たちは、何か食べる物を得るためには乞食の真似をするしかなかった。働けなかった。なぜなら誰もここに長居しようとは思っていなかったし、三ヶ月間飢餓を経験したあと重労働に従事することはほとんど不可能だった。撤退する軍隊や疎開する住民がみなコンスタンティノープルに行くので、私たちもグルジアからそこに向かった。そして今になっても奇妙に思えるのだが、コンスタンティノープルに来ても、親類はいうまでもなく、親しい友人にも、近隣の住人にさえも会うことはなかった。つまりその困難な道のりをかつてともに耐え忍んだ人々から、完全に切り離されてしまったのだ。この状況は私の苦悩を一層深め、さらなる憂愁と苦しみをもたらした。バトゥムからコンスタンティノープルまでの非常に困難な道のりを一層苦しいものにしたのは、食べ物はもちろん、水さえも無い状況、そして予断を許さぬ危険――機械の故障、悪天候、私たちの粗末な汽船を脅かす嵐――であり、それらは船旅の間ずっと私たちについて回った。

やっとコンスタンティノープルに着いたのは一九二一年四月二十三日だった。平和ではあったが、ここでも状況がましになったとは言えなかった。自分で働いて食糧と履物と衣服を手に入れなければならなかったが、重労働をする体力はなかった。それでもいくらか元気になると、一九二一年の六月に全露都市同盟のギムナジウムに入学したが、年齢のせいで入れてもらうのにひどく苦労した。私はもう二十歳だったが、実科学校を退学したのが六年生のときだったので、第六学年に編入された。しかし、旅はコンスタンティノープルで終わらなかった。ギムナジウムがチェコスロバキアに移転し、その地で今に至るまでどうやら無事に過ごしている。

◆「はじめに」で言及したジェクリナやパーニナ、あるいは哲学者ニコライ・ロスキーの義母にあたるストユニナのように、エリート階層に属する女性の中には革命前のロシアで学校教育や社会教育の分野で活躍し、亡命後も尽力を惜しまなかった人が少なくない。ローセワの作文を読むと、南部ロシアにおける反革命軍の指導者ウランゲリ将軍の夫人も例外ではなかったらしい。文中にあらわれる「ネラトワ・キムナジウム」も、駐コンスタンティノープル亡命ロシア外交団の団長の要職にあったネラトフの夫人が同地に創設した中等教育機関である。

E・ローセワ（モラフスカー・トシェボバー・ロシア語ギムナジウム四年女子）

コンスタンティノープルに着いたあと、しばらくママと暮らしましたが、それからママは、わたしが勉強し、安息の場と食べ物が手に入れられるように、どこかのギムナジウムに入れることにしました。コンスタンティノープルにはロシア人がたくさんいたので、ママはふだんからロシア人が多い場所に行くことにしました。それがわたしたちも顔見知りだったウランゲリ男爵夫人のいるロシア大使館だということを、ママは知りました。わたしはセバストポリにあったウランゲリさんの寄宿学校で勉強していたので、男爵夫人はわたしが入学できるようさっさと取り計らってくれました。こんな立派な施設に入れたことがとてもうれしかったです。でもわたしをギムナジウムに入れることがどれほど大変だったか、ママにどれだけ苦労をかけたかをわたしは分かっていなかったし、ウランゲリさんがわたしのためにお金を払ってくれたことも知りませんでした。親切にしてくださったこと、ママの就職もお世話してくださったことで、わたしは男爵夫人に感謝しています。あのころは、マッチやたばこなどを売って歩くロシア人もいました。祖国のロシアでは一家の主人だったのに、いきなりこんなひどい状態に落ちこちたロシアの人はみんなたいへんでした。わたしはというと、二年生の成績はとてもひどかったけれど、それでも三年に進級できました。毎週木曜にママが会いに来てくれたし、日曜はわたしが休みで、うちに帰ることができました。

　ロシアにいたころ、パパやママといっしょに外国に行くことを夢見ていたことをおぼえています。あのころパパは大きな船の船長さんだったので、わたしたちを航海に連れて行けたのです。それなのにパパがコンスタンティノープルに出発する前にはいつも、わたしたちを連れて行かないでくれと、パパにお願いしました。なぜなら両親にある事件が、わたしと兄さんをこわがらせる事件が起きたからでした。あるときパパといっしょに航海に出たママは、タガンログでパパといっしょにお芝居に行った帰りに強盗におそわれたのです。強盗は五人でした。そのうちの一人がママの首を絞めてダイヤモンドを、パパからは金時計と結婚指輪を、つまり高い品物をみんな盗ったのでした。ママはシルクのコートにダイヤモンドのピアスを一つだけつけていました。そのあとママは長いこと喉の痛みに苦しみました。それでわたしと兄さんは、ママとパパが出かける時は「出かけたらもう帰ってこないんじゃないか」といつも心配していました。

家にいたころはいい暮らしをしていたけど、あるとき恐ろしいことが起きました。パパが家を出て行き、海の仕事をやめて町で、小さな郡役所のある町で就職したのです。その半年後にボリシェビキがやってきたので、わたしたちは着の身着のままでロシア号に乗って逃げました。兄さんも同じ船に同じ幼年学校の生徒たちと乗るだろうと期待していたのですが、そうではありませんでした。石炭を少しつんだだけで、わたしたちの船は出発しました。船倉にはたくさん人がいました。おそろしい混雑でしたが、どうにかこうにかセバストポリに着き、わたしはウランゲリ男爵夫人の寄宿学校に入り、そこでほんとうの家族のように暮らしました。しかし夕飯のあと、みなが床につくと、わたしはよく泣きました。

わたしたちは北の方のシュタール城に住んでいました。同じころママは町なかに住んで、士官用の食堂でお昼を食べていました。こんなことになった最初のうち、私はもちろんさびしい思いをしました。パパやママや、どこにいるのか分からない兄さんのことを思い出しては泣いていました……。でも兄さんは、漁師だか労働者だかといっしょに小さな船に乗って、わたしたちのいたセバストポリにやって来ました。なのにわたしたちは何かに追い立てられて、ここに長く住み続けることはできませんでした。同じロシア人なのに、いつも敵意をむき出しにしている人びとに追い出されたのです。わたしはママと兄さんといっしょにコンスタンティノープルにやって来ました。わたしの面倒を見てくれる親切な女の人がいました。コンスタンティノープルでわたしは一年間勉強しましたが、校長先生に呼び出されて、ウランゲリ夫人はこれ以上わたしのためにお金を払うことができないので、別のギムナジウム、ネラトワ・ギムナジウムに転校しなくちゃいけないと言われました。今の学校には友だちがいたので、そこをやめることはわたしにとって悪夢でした。しかし事態は好転し、教育委員会がわたしのためにお金を払ってくれることになって、わたしはギムナジウムに残ることができました。それからギムナジウムがチェコスロバキアに移転し、うちの家族は世界各地ばらばらに離れてしまいました。ママはベルギーに、兄さんはインドシナ半島に、パパは行方不明で、そしてわたしはここに……。

◆ジェレズニャクの父親は帝国軍の職業軍人で将校らしい。文中の「前線」は内戦でなく、第一次世界大戦をさす。革命後、徴兵され嫌々軍務についていた農民出身の兵士たちの多くが脱走兵となったり、軍に残った兵士も、先に紹介した作文にもあるように、将校たちを殺害したりした。それにしても、もっとも早くロシアを離れた最初期の亡命者であり、コンスタンティノープルで子どもたちを学校に入れ、自分も同じ学校に職を得ていながら、二〇年十月に夫と会うため危険を顧みず再びクリミアに渡った彼の母親の勇気には驚かされる。本当に「ママはとても信じられないほど頑張った」のである。

D・ジェレズニャク（モラフスカー・トシェボバー・ロシア語ギムナジウム六年男子）

すべては「無血大革命」とともに始まった。僕は幼稚園の三年生だった。九歳だった。僕たちはペトログラードに住んでいた。二月下旬のある日、ソーニャ叔母さんが来たので、叔母さんといっしょにスケートをしに出かけた。宮殿橋を渡っているとき、僕たちをひどく驚かしたのは、大騒ぎをしながら僕たちの方に向かってくる（ものすごい数の）群衆だった。おびえた叔母さんはうちに戻るようにと言った。うちに着くと、叔父さんからママに電話があって、叔母さんにすぐ帰るように言ってほしいと言われた。食料不足が原因でストライキが起きて、あちこち通れなくなっているから、ストライキの参加者たちが交通機関を止めたり、自動車を壊したりしているからだった。こんなふうにロシアのすべての不幸が始まった。パパから手紙が来なくなった。食べる物が何もなかった。行列には三百人以上が並んだ。ママは夏の間クリミアに行くことに決めた。

一九一七年の春、四月二十四日に僕たちは親戚たちに別れを告げて列車に乗り込み、出発した。秋にはまた戻ってくるつもりだった。モスクワではまだ雪が降っていた。南に行くと雪はすっかり溶けてなくなっていたが、草木はまだ芽吹いていなかった。セバストポリの通行許可証がなかったので、僕たちは馬で山を越え（百十五キロ）、ノービー・シメイズ〔クリミア半島のリゾート地〕に向かうことにした。クリミアではもう果樹の花が咲いていた。春まっ盛りだった。

秋が来ると、どこへ行くべきかが問題になった。ペトログラードは飢饉だ。

そして晩秋、僕たちと近所の別荘の人たちは、冬の間もずっとクリミアに残ることにした。僕と弟と召使いは近所の別々のうちに預けられ、ママはお祖母さんに会うためと冬物を持ってくるためにペトログラードに行った。

新聞は恐ろしいニュースを伝える。ペトログラードで戦闘があり、冬宮は破壊され、クーデターが起きていると。なのにママはまだ帰って来ない。僕たちはみなとても心配しているのに、ママからも、前線のパパからも手紙が来ない。

そして十一月上旬のある朝早く、ママが荷物をもって帰ってきた。ああ！ ママの姿のひどかったこと！ ペトログラードを出発する最後の列車に乗ってきたのだ。どの列車も脱走兵でいっぱいだった。道中食べる物が何もなく、駅にはお湯さえなかった。あちらこちらに列車の座席がとれない脱走兵がいて、列車めがけて発砲した。特にハリコフあたりがひどかった。

まもなくパパからの送金が止まった。何を食べればいいのか？ ママは働きに出る決心をし、召使いに暇が出された。クリスマス前にセバストポリに引っ越した。そこでママはさんざん苦労した挙げ句に、実科学校に先生の職を見つけることができた。同じ学校で僕も一年生として勉強し始め、弟は幼稚園に入れられた。暖房のない部屋ふたつに住んだ。クリスマス・イブに、突然ママはペトログラードにいるパパから電報を受け取った。明日こちらに来るので、ママに迎えにきてほしいと書いてあった。将校は残らず逮捕され、肩章をはぎ取られていた。ペトログラードでは銃殺されることまであるという。ママは、パパに何か起きるのではないかと心配でたまらない。ママはプラットホームに入れてもらえず、パパが着いたかどうかも分からなかった。ペトログラードでは銃撃戦が続いている。次の日ママは、その列車に乗っていた軍人はみんな降ろされ、射殺されたと聞かされたが、それは嘘ではなかった。パパは死んだ。パパの証明写真を見た鉄道員が、こんな人が乗っていたと証言した。

ドイツ軍がやってきた。時々つらい目に遭った。食べる物は何もなかった。靴も、着るものもなく、買おうにもお金がなかった。僕たちは海軍士官学校の翼棟に住んでいたので、学校から家へはボートに乗って帰るようになった。隣にもう一人女の先生が住んでいて、いつもいっしょに船に乗った。僕はもう二年生だった。一九一八年の八月、僕たちとニーナ先生はボートに乗ったのにママがいない。ママはどこという僕たちの質問に、ニーナ先生は「あなたたちは私といっしょに帰りましょう。パパから電報が届いたので、ママは町に行ったのよ」と答えた。電報はオデッサから出されていた。「ツク……聖ニコライ」ということは、パパはあさって急行聖ニコライ号でオデッサから着くのだ。オデッサにはママの妹が住んでいる。パパは殺されてなかったのだ。

パパはボリシェビキに妨害されてペトログラードから出られず、それからずっとペトログラードで隠れていたけれど、僕たちの居場所がわからなかったのでまずオデッサの叔母さんのところに逃げ、そこから僕たちのところに来るという話だった。お金を稼ぐために、パパは港湾警備員の職についた。そのころセバストポリにはすでに連合国軍が駐留していた。クリミアにボリシェビキが近づくと、士官大隊が組織され、パパは一兵卒としてペレコープ〔ウクライナ本土とクリミアの間にある地峡〕に出征した。ボリシェビキは我が軍を撃破してシンフェロポリを奪い、セバストポリに近づいている。「反革命軍」と「ブルジョアたち」は逃げて行くが、僕たちはパパを待つ。突然帰ってきたパパは、僕たちが逃げずにいたことを怒ったけれど、翌朝、銃弾が飛び交うなか、例の急行聖ニコライ号に乗ってセバストポリから逃げ出そうとしていた。でも一体どこへ……？　僕たちには分からなかった。ケルチ付近の海上に、石炭がないので（難民を乗せたまま）動かずにいる輸送船を見つけ、二日後に僕たちは一文なしの腹ぺこでノボロシースクにいた。運よくオデッサからやっぱりここに逃げてきていた叔母さんに偶然会えて、助けてもらえた。パパはペトロフスク・ポルト市〔現在のマハチカラ〕への派遣命令を受けて出発した。僕は（すごく苦労をして）実科学校の三学年に、弟は一学年に入学した。ママも仕事を見つけた。

一九一九年の四月から十二月まで僕たちは無事に暮らしたが、ボリシェビキが進撃を始めてロストフを占領した。パパが不意に現れて言った。「イギリス人たちといっしょに国境の向こうに逃げるんだ、もうおしまいだ」。

一九二〇年一月十三日、前はドイツの病院船だったけれどイギリス軍によって取り上げられたハノーファー号が、僕たちを乗せ、静かに桟橋を離れた。桟橋ではみんな泣き、船の上でもみな泣いていた。何が僕たちを待っているのだろう？　どこに向かっているのだろう？　何も教えてもらえないまま、船は沖合を進んでいった。僕たちはどうなるのだろう、そして居残った人たちとまた会えるのだろうか？　こんな心配がみんなを苦しめていた。僕たちはまっ先にロシアを出た。残った人たちの状況はもっとひどかった。ボリシェビキがすぐ近くまで迫っている。一時間後、何があの人たちを待ち受けているのか、僕たちはどこへ連れて行かれるのか、手紙の住所はどこにすればいいのか？　絆は絶たれた。

三日目の明け方、遠くにボスポラス海峡があらわれた。思ってもいなかった出来事（消毒、入浴など）が延々と続いたあと、僕たちはプリンキポ島に着いた。その日、隣人の女の人がチフスに罹った。次の日には弟が高い熱を出して寝込んでしまい、その次の朝は僕だった。重症のはしかだった。はしかのために多くの人が死にかけていた。激しい雪が降り出し、道には膝よりも高く積もった。しかもその道まで三キロもある。医者はいない。熱は四十度以上ある。一ヶ月以上たって僕たちは床上げした。でも健康を回復することはできず、心臓を悪くした。パパのことは何ひとつ分からなかった。カフカスは占領されたが、クリミアは持ちこたえている。以前はとても親切に接してくれたイギリス人たちが、やがて僕たちを迫害するようになった。親類がコンスタンティノープルを離れる時、ママはお別れの挨拶をしに行くことも許してもらえなかった。ママはボートでアジア側の岸に行き、そこから列車でスクタリ〔現在のユスキュダル、イスタンブールに隣接する地区〕に行かなくてはならなかった。

ロシア大使のネラトフの夫人がブユク・デレに低学年のためのギムナジウムを開校し、ママは僕たちをそこに入れることができた。そこで僕たちは休むことができた。まもなく学校は拡張され、ママはそこの養育係として働くようになった。このころ僕たちは、クリミアにいるパパからはじめて手紙を受け取り、ママはパパに会いに行く決心をした。

一九二〇年十月二四日、ママはセバストポリに出発した。事故については誰も何も知らなかった。運命そのものが僕たちを待ち伏せしていた。十一月上旬、難民を乗せた船が到着し始めた。僕たちはひどく心配していた。パパとママはどうしたのだろう？　どこにいるのだろう？　五日になってやっとサン・ステファノにいるママから、自分たちは無事で元気だ、というメモを受け取った。七日、ママはとても信じられないほど頑張ったお陰で、汽船を降りることができたし、パパも下船させることができた（二人はリムノス島に連れて行かれるところだった）。セバストポリで乗船するときに二人が味わった恐怖については、とても話せない。

ママは僕たちが今いるギムナジウムに先生の口を見つけ、一九二一年十月に、僕たちもここに〔トシェボバーに〕連れてきた。

◆ブレンチャニノワは最上級生の八年生。それだけに達意の文章で自らの放浪を綴っている。そんな彼女をしても「全てを書くことはできないし、時間が足りない、それにこの恐ろしい頃を思い出すのは、あまりにも苦しく、胸が痛む」という。

E・ブレンチャニノワ（モラフスカー・トシェボバー・ロシア語ギムナジウム八年女子）

皇帝陛下の退位はボログダ県〔ロシア北西部〕の領地に家族全員が揃っている時に知った。そこで私たちは毎年夏を過ごしていたが、その年は冬の終わりまで居残った。当時私はまったくの子どもで、事の重大さをたぶん全部は分かっていなかったが、それでも私たちの暮らしの制度面を変えてしまうような、何か重大なことが起きたとは感じていた。いや、もちろん私たちの暮らしだけなら大したことはない。重要なのは、それが全ロシアの制度を変えてしまうということだ。

突然そんなことが起き、以来私たちは放浪を続け、どこにも安息の地を見つけられないでいる。モスクワで暮らそうと領地を離れたが、この引っ越しから私たち家族全員にとって今までとは全く別の生活が始まった。モスクワには、お手伝いさんが一人しかいない小さなアパートがあった。お金の持ち合わせは少ししかなく、何も買えなかった。塩漬けの魚と配給されたパンを食べていた。モスクワに着いてみると、陸軍幼年学校とボリシェビキの戦闘のまっ最中だった。一週間ほどまったく外出できなかった。私たちの住む通りでは激しい戦闘が繰り広げられていた。通りに面した窓は割れ、次の砲弾が建物全体を爆破することなどありえないと請け合える人は誰もいなかった。

しかし一週間後、すべてが落ち着きを見せ始めた。勝利したのはボリシェビキで、この日からさらに恐ろしい暮らしが始まる。今にもやって来る、略奪される、逮捕されるという恐怖が絶えずつきまとい、連行された先で何が待っているかは、神のみぞ知るだ。そんなふうに絶えざる恐怖の中で私たちは一年近くを暮らした。ソビエト権力は目に見えて堅固になり、良いことは何も期待できなかった。当時の私は大きくはなかったが、こうした暮らしが私を苦しめたのは物質面に限ったことではなかった。何より私を苦しめたのは、沈黙の戒め、何か余計なことを言ってしまうのではないかという危惧、そのために私の親しく大切な人たちを失うのではないか、という絶えざる不安だった。このように一年あるいはそれ以上（この時間が永遠につづくように思えたからはっきり覚えていない）苦しみ続けたあと、私たちはそのころ親類の住んでいたウクライナへ行くことに決めた。ウクライナの暮らし向きは良かったが、それはドイツ人に占領されていたために秩序が存在したからだ。私たちはモスクワを離れたくなかったが、それ以上とどまることはできなかった。逮捕が頻繁になっていった。ボリシェビキは疑い深くなり、片っ端から逮捕した。女中も掃除夫も誰も信用できなかった。反革命取締非常委員会《チェーカー》は逮捕者でいつも満員というありさま、収監者が受けなかった拷問があっただろうか！　あったとは思えない。多くの人々が、自分たちは正しいことをしたがゆえに殺されると分かっていながら、不屈の勇気でそれに耐えた。そしてまだそのような人たちがいると知って心はよろこび、「いや、ロシアが滅びるなどあり得ない」と思えた。全てを書くことはできないし、時間が足りない、それにこの恐ろしい頃を思い出すのは、あまりにも苦しく、胸が痛む。

　そして私たちはウクライナに向かった。境界線を越えてウクライナに入ると、私たちはまったく別の状況に置かれた。モスクワでは散乱したひまわりの種で汚れた通りを、私たちはほったらかしにしていた。通りを散歩する人はなく、みな仕事に行くか、あるいはどこかでパンの一切れでも手に入れられないかと急いでいた。ここでは何もかもが豊富にあって、誰もが満足していたが、ただ一つつらかったのは、権力を握っているのがロシア人ではなく、ドイツ人だったことだ。ここに長く住むことはなかった。暴動が始まった――ペトリューラが現れたのだ。私たちはドン・コサック軍管区に移った。私の目にそこがどれほど素晴らしく映ったことだろう。ノボチェルカスクに到着したとき、まず目に飛び込んできたのは、何かの建物の上で誇らしげにはためくロシア国旗、つづいて制服と肩章を身につけた軍人たちだ。兵士たちが将校に敬礼しているので、まだ保存されているロシアの一隅にやって来たような、そんな気が私たちにはした。毎朝南ロシア軍のそばを通る時、地図の上でドン・コサック軍が占拠している場所が広がり大きくなっていくのを見るのが、どれほど痛快だったことか。皆の顔にどれほどうれしそうな表情が浮かんでいたことか、どれほど心が高揚していたことか。まもなくモスクワが、そしてロシア全土が私たちの手中に収まると信じていた。

夏を過ごすために私たちはゲレンジーク〔ロシア南部クラスノダール地方のリゾート地〕に出かけた。そこはアタマン・ゼリョーヌイの農民パルチザンが始終出没するので、まともな暮らしがまったくできなかった。彼らは道中で出会った者を人質として捕まえ、近隣全ての村落で略奪をほしいままにした。しかしまもなく私たちはそこから、父が勤務していたスタブロポリ〔北カフカスに位置するスタブロポリ地方の行政の中心〕に移った。そこで私たちはとても快適で穏やかに暮らした。最近は机に向かうこともままならなかったので、私たちはまた学校に通い始めた。しかしロシアで最後のこの幸せな時間は終わりを迎える。ボリシェビキが優勢になり、スタブロポリも占領されてしまった。私たちはトゥアプセ〔黒海北東部にある港湾都市〕に逃げ、一部屋に十一人で住んだ。ジメジメして寒く、まったく暖房も家具もない部屋で、男女が雑魚寝をした。この一ヶ月のことを書くのは辛い。それほどひどかった。だがちょうどその頃、イギリス軍が撤退すると聞きつけた私たちは、ノボロシースクの港に向かった。ノボロシースクまでの距離はごく短いのだが、そこに着くのに確か六、七日かかった。車両が壊れていると言われて列車に連結してもらえないなど、要するに私たちの出発の途上にはありとあらゆる障害物が立ちはだかった。一方、その頃町は農民パルチザンに占領されていて、私たちは今にも彼らに捕まりかねなかった。だがやっとのことで車両を連結してもらって出発できた。ノボロシースクに着くと、イギリス軍の撤退に加えてもらうように申し込み、次の汽船で出発した。どこに向かっているのかも知らず、これから何が待っているのかも知らなかったが、それでも行くと決心したのだった。

この出発を今どのように記憶しているだろう。どんよりと曇った日、……夕方の五時、船が岸を離れていく。私たちは、生きている間に見るのもこれが最後かも知れないロシアの岸を、長いあいだ見つめていた。だがあのとき私たちは、すぐにロシアに戻れることを信じ、また期待していた。翌朝、私たちはもう一度ロシアの岸を見た。船はヤルタに接岸した。素晴らしく晴れ渡った日で、ヤルタはおとぎ話のように美しく見えた。船を下りてそのままとどまりたかったけれど、それはもはやできない相談だった。

その後は？　外国生活が始まり、まずはアンティゴネーのように放浪し、それから今この瞬間にもいるギムナジウムに入学。

これが一九一七年からの私の思い出だ。もちろんもっと詳しく書くこともできたが、時間がない。

◆これまで紹介した回想にも、トラウマティックな経験なるがゆえに書くことを躊躇《ためら》うような態度が読みとれた。そうしたトラウマがあるいは露わに、あるいは行間から読みとれる作文は第七章に集めたが、次に訳出する作文も、逃避行の最終段階が、悲惨であった経験が「でもその先のことは思い出すのもつらい」と書かれて終わっている。

ブドゥニコワ（モラフスカー・トシェボバー・ロシア語ギムナジウム八年女子）

革命の日から数か月が過ぎ、両親は私の故郷、つまりモスクワを離れねばならなくなった。一九一七年、ボリシェビキの諜報員が私たちを監視し始めたので、モスクワを去った。モスクワを離れる時はもちろん、大好きなこの町に長い間戻れなくなるとは思いも寄らなかった。だってモスクワは私にとって揺籃の地なのだから。そこを離れるとき、私はまだ子どもだったといってよく、そのときロシアで起きていることの多くを理解できずにいた。私たちはノボモスコフスク〔ウクライナ中東部、ドネプロペトロフスク州の都市〕の領地に向かった。そこで私は残りの夏と秋を過ごした。特別な経験はなかった。パパの仕事の口がキエフに見つかったので、私たちはそっちに引っ越した。私たちが住んだのはサロンカーの中だった。アパート暮らしのあと揺れる客車に住むのは奇妙な感じだったが、あのご時世からすれば恵まれていた。洒落《しゃれ》てさえいた。絨毯《じゅうたん》、電話、白い家具などなど。

私はギムナジウムに入ったが、勉強の遅れを取り戻そうとし始めた矢先、突然新たな不幸に見舞われた。ペトリューラのことが話題にのぼり出したのだ。なぜギムナジウムでウクライナ語に大きな関心が払われるようになったのか、分からなかった。私にはウクライナ語は理解不能に思えた。そもそも一単語も正しく発音できなかったのだ。さらに驚いたのは、校長先生が言ったことだった。「あなたはウクライナ語を覚えなくてもいいわ。だってあなたにモスクワ言葉を失ってほしくないのだもの」。

うちでは悲しい光景を目の当たりにしていた。ママは不安そうだったし、パパはうちにはほとんどおらず、夜遅くになっても帰ってこなかった。パパは事務所勤めをしていた。大砲を撃つ音が聞こえる……最初は低い音で、それから砲声は頻繁になり、遂には爆弾が私たちの住む客車の近くで爆発するようになった。夜更けだった。車両の中で慌ただしい物音がした。ママが来て、震える声で言った。「早く、早く、ここにはもう一分だっていられないのよ」。わずか三十分で準備を整え、それぞれ小さなトランクをさげて車両を出た。どこに向かっているのか分からなかった。あるホテルで全く見知らぬ家族と同じ部屋に泊まることになった。次の日の夜中にパパが来た。だが、ああ！　それがパパだなんて、自分の目が信じられなかった。パパは農夫に変装して私たちにはなむけの言葉を贈るために来てくれたのだが、自分自身は捕まらないように、逃げなくてはならなかった。パパがはなむけの言葉を言っている最中に、私のなかで何かが切れた。本当にこれが将校の制服を着ていた父なのか？　今のパパは無力で、どこかの強盗のいいなりになっているみたいだ！

だが、そうこうするうちにも、砲声や銃声が次第に激しくなってきた。ペトリューラがキエフにいる。お祈りが行われている。コサック軍がお祈りを捧げている。そのすぐ隣で二人の白軍将校が逮捕され、連行されていく。そして何ということか、何分もたたぬうちに銃声が聞こえ、あの、まだ若い二人の将校が、後ろ手に縛られ、舗道の上に身じろぎもせず横たわっていた。お祈りはまだ続いていた。

私がしばらくギムナジウムの校長先生のところに預けられていた間、ママは郊外のどこかに身をひそめていた。数日後、私たちはオデッサに出発した。オデッサに着いたものの、正直言って、どこに、何のために、誰のところに向かっているのかも分かっていなかった。移動し続けていたのは、ただ移動しなければならないと感じていたからだ。そして深夜に着いたのは、すでにボリシェビキとペトリューラ派に略奪された後の見知らぬ町で、私たちは避難できる場所を探しはじめた。どのホテルも満員で、ひどく苦労はしたが、それでも部屋を見つけた。私はギムナジウムに入学し、正規の学習に戻り始めたかに思えた。その一方で、帰宅し、ふさぎ込んだママや叔母や家族全員の様子を見ると、胸が苦しくなった。パパが消息を絶った。ユダヤ人たちに殺されたなどと、噂が流れた。そうして二、三ヶ月が経った。ある日、パパの同僚が私たちを探し当て、パパがエカテリノダールにいると教えてくれた。私はもう次の学年に進級することになっていた。出し抜けにオデッサが占領されるという噂が流れ出した。汽船に乗って逃げる以外、何が私たちにできるというのだ。

やはり見知らぬ町であるエカテリノダールに到着すると、コサック村で暮らすことにした。そしてムィシャストフカという名の村に行き、そこに落ち着いた。この頃は悪い時期だったとは言えないのは確かだ。ムィシャストフカについては楽しい思い出が残っている。清潔で、快適で、暖かだった。たしかに強烈な体験がなかったのだ。パパが見つかり、まずママがパパの所に行き、それから私たちも行った。でもその先のことは思い出すのもつらい……。

注

(1) V. V. Zen'kovskij, ed., *Vospominanija 500 russkix detej c predisloviem V. V. Zen'kovskogo* (Praga: Pedagagičeskoe bjuro po delam srednej i nizšej russkoj školy za granicej, 1924), 7.

（2）Nikoraj Curikov, "Deti èmigracii: Obzor 2400 sočnenij učaščixsja v russkix èmigrantskix škola na temu «Moi vospominanija»," in *Deti èmigracii: Vospominanija*, Edited by V. V. Zen'kovskij (Praga: Pedagagičeskoe bjuro po delam srednej i nizšej russkoj školy za granicej, 1925), 96.

（3）Curikov, "Deti èmigracii," 96.

（4）Curikov, "Deti èmigracii," 95.

第七章

生徒のトラウマと無関心な自然

ギムナジウムの教師と養育係（1930年代初頭、プラハ・ストラシュニツェ地区）
Private collection of Anastazie Kopřivová

亡命ロシアの子どもたちのなかには、言語に絶するほどの苛酷な体験をしたはずなのに、淡々と、時にとぼけたユーモアをまじえて自らの体験を語る者がいたり、あるいは我語りを自らに禁じ、まるでハードボイルド小説のように事実を語る者がいたりする。その一方で、人間の愚かな営みに無関心な自然を見つめた作文も、少ないながら存在する。これまでの章で取り上げた作文にも、生徒のトラウマの深さをうかがわせる作文、いちばんつらい体験は語りたくないし、語れないと告白した作文があった。第七章に訳出した作文の多くは、その文学性への接近にもかかわらず、教師に強制されなければ書かれることがなかったのかも知れないし、文学的定型にはめ込むことによってようやく語りえた体験談なのかも知れない。

◆最初の作文の著者、ポリボドワは「あのつらい時期のことを思い出すため考えを集中するのは、難しいだけでなくてつらい」とはっきりと言う。そう言いながら長い作文を書いている心理の綾はどのようなものなのか。文中に出てくる「高等小学校」は民衆が進学する教育機関で、地方自治体《ゼームストボ》や教会が運営する小学校から進学する。トシェボバーのギムナジウムへの編入学を希望した時、試験を課されそうになったのは、もしかしたら高等小学校が最終学歴になっていたからかも知れない。

N・ポリボドワ（モラフスカー・トシェボバー・ロシア語ギムナジウム五年女子）

この間に体験せねばならなかったことなど、おそらく書けないし、まだしも「一九一七年以降の私の暮らしについて話しなさい」と言われたなら、書くよりもたくさん話せるだろうと思う。ロシア人の誰もが、亡命組だけでなく、ロシアに残った人たちも体験した、いや彼らは私たちよりももっと災いと不幸を味わったのかもしれない、あのつらい時期のことを思い出すため考えを集中するのは、難しいだけでなくてつらい。

今も私たちの大切な祖国に覆いかぶさっている大きな不幸がロシアに襲いかかってきた時、私たちはまだエカテリノスラフに住んでいて、私はたったの十二歳で、ギムナジウムの生徒だった。そしてあのとんでもない事件が起き、それは私にとってだけかもしれないが、とてもショッキングだったので、当時も、そして今も思い出すと何かいやな気持ちになる。どうしてだろう？　よくは覚えていないが、何かの授業の時にどこかの人民委員たちがずかずかと入ってきて、聖像画を指さしながら言う。「これはまた何というお飾りだ、どこの機関であろうと飾りなどあってはならない、もしそうしたいのなら自分の部屋に飾ればいいだろう」。生徒たちは言うまでもなく、教師たちもとんでもない恐怖を覚えていた。なかでも気の毒だったのは、素晴らしくもやさしい校長先生で、その時ばっかりはまったくどうしようもなかった。それから校長先生だけでなく、親類とも別れねばならなくなったが、いちばん辛かったのは故郷との別離だった。エカテリノスラフを去るとき私は、自分が通うことになる高等小学校があった地方の小村に、どうすれば行けるのかも分からなかった。学校を卒業すると働かねばならなくなった。仕事はなかなか見つからなかったが、それもどこでどんな仕事をするか、えり好みしなければいい。私はまず村の学校の先生として働くことになり、毎月ライ麦一プード〔約十六キロ〕という良い報酬がもらえたが、実は小さな子どもたちだけでなく、五十歳までの大人も教えなければならなかった。というのもロシアに読み書きができぬ者などいてはならないとソビエト政権が決めたからだ。確かに素晴らしい理念だが、問題は、政権がそのような課題を私たちに押しつけるだけで、実現不可能だということに思い至らなかったことだ。私にしてみれば、それは九九も知らない小さな子どもに高等数学の問題を解けと命ずるようなものだ。だが、どんな難題でもやらないわけにはいかなかった。するとはるかに幸せな時が訪れた。私たちを探していた姉から手紙が届いたのだ。この手紙のおかげですぐにもチェコへ行くビザがもらえる。

チェコに到着後、私たちはカルパチア〔当時はチェコスロバキア領〕に一旦落ち着いたが、一緒に旅をしてきた妹はモラフスカー・トシェボバーのギムナジウムに行ってしまった。

私はうちに残された。というのも二年間成人学校で働いたせいで、身体をこわしていたのだ。もちろんはるかに恵まれた状況のおかげですぐ快方に向かったので、トシェボバーのアドリアン・ペトロビチ・ペトロフ校長に手紙を書き、ギムナジウムに入れてくれるようお願いした。届いた返事には、ギムナジウムに出向いて検定試験を受けることができます、中途まで中等教育を受けた人はみなそうすることになっていますので、とあった。山のような試験問題が頭に浮かんだ。私たちはなんて不幸なのだろう、以前に中等教育を受けたことに罪があるというか？　答はイエスかノーのどちらかしかない。もちろん私はノーに賛成だ。なぜならこの世に聖人などおらず、誰だって何かしらの罪を犯しているのだから。ということは、この大きな不幸のなかでは罪があるといえば一人や二人ではなくすべての人がそうなのであり、一人でみなの責任を負うのはつらく口惜しい。だが二通目の手紙への返事はずっとやさしい文面で、ペトロフ先生はギムナジウムへの入学を許可してくれた。そして色々と経験せざるを得なかった災難と不幸がみな過ぎ去ってしまうと、おだやかに学校生活が流れ始めた。そして今の私は、いつか祖国のために私たちが働けるようになる時のこと、私たちの同胞であるチェコ人たちにきちんと恩返しできる時のことだけに考えを集中しなくてはならない。

◆次は異色中の異色とも言えそうな回想。少年に対して「隠遁《いんとん》」という言葉は使えないのだろうが、いくらジョージアとはいえ革命後の動乱などまるでなかったかのような生き方をした少年の語る内戦期である。大人たちの回想録のように革命前のロシアを美化するわけではないが、悪夢に満ちた時期が私に触れることはなかったと言い張る若者が、ジョージアからブルガリアに移り住むまでの間に、悪夢のような経験をしなかったとはとても思えない。

（シュメン・ロシア語ギムナジウム七年生男子、十九歳）

内戦の全期間、私はペルシアにいた。父がペルシア政府の《ペルシア・コサック師団》に勤務していたからだ。不穏な時期で、町から町へたびたび引っ越ししなくてはならなかった。最初のうちは未知の異国の環境に混乱し、まごついたが、すぐにペルシアの伝統、風習にも慣れ、その後、一九一九年末にチフリス〔ジョージアの首都トビリシの一九三六年までの名称〕の祖母のもとに移った当座は、長らく馴染《なじ》めなかったほどだ。チフリスへは学校に入るため父にやられた。すでにペルシアで周囲の自然の美しさ――文字通り「おとぎ話のような」自然美から強い印象を受けていたので、私は自然科学に関心を持ち始めていた。

チフリスでは、当時エレバンにカフカス博物館の新部門を創設するようにとの命を受けていたアレクサンドル・シェルコブニコフ先生〔カフカスの博物学に多大の貢献をした動物学者〕の感化をすぐに受けた。私が自然科学に大きな関心を寄せているのに気づかれた先生に手ほどきを受け、ほどなく私は自然科学に正真正銘「惚れ込んだ」。素晴らしく経験豊富な先生が、熱中しながら学べるように導いてくれたことを、今になって私は理解し始めている。すぐに先生を介してカフカス博物館とチフリスの植物園、気象・天文観測所をはじめとする多くの同様の施設で働く研究スタッフたちと知り合った。間もなくシェルコブニコフ先生が博物館の新部門のために立派な顕微鏡を購入したことで、私の細菌学の勉強が始まった。

当初は先生に手ずから勉強を見て戴いていたが、その後わたしの「細菌学教育」は経験豊富な専門家の手に委ねられた。地道な授業を数ヶ月間継続して受けた結果、私は顕微鏡の取扱法と細菌学の知識を一通り習得した。しかしこの時、まだほとんど研究されていなかったアルメニアのいくつかの地方への調査旅行が近づいてきたので、その準備が始まった。

だが、この調査は実現しない運命にあった。必要不可欠な研究用の荷物の運搬をグルジア政府が何だかんだと妨害し、多くの困難を強いたのだ。

シェルコブニコフ先生は無駄に時間が過ぎていくのを見て、ご自身が様々な時期にカフカスで採集した豊富な資料の整理に着手する決心をし、私にもひとりでなすべき課題を与えた。先生が必要な用具一式を与えた上で私に託したのは、カヘチア地方〔ジョージア東部の地区〕の昆虫および爬虫類の動物相に関する資料の収集だった。二、三日後にはもう、シグナヒ〔カヘチア地方の小都市〕からほど遠くない伯母の領地に私は向かっていた。この上なく活動的にひと夏を過ごしたことは言うまでもない。かなりの分量の資料を集めることができた。その一部はうまく国外に持ち出せたので、今やっとカヘチア地方の甲虫類の豊かな動物相を解明し始めているところだ。

秋になるとシェルコブニコフ先生が私の集めた爬虫類の整理に着手した。たびたび先生の作業に立ち会ううちにすぐ、それらが大ざっぱにはどこに分類され、どの「科」に属するのか素早く見分けられるようになった。

冬は眠っているような植物園によく通った。冬眠中でも温室と大きな実験室には生命が脈打っていた。そうそう、すっかり忘れていた！　この間にチフリスにはボリシェビキが来ていたのだ。彼らの来襲は、植物園、博物館の営みと固く結びついていた私の生活には全く影響しなかった。学術的な作業は以前と同じテンポで続いた。大気と試薬の匂いに満ちた実験室では何一つ変わらなかった。相変わらず気象・天文観測所の機器はカチカチと単調な音をさせていた。地震計のドラムにボリシェビキの来襲は何の影響も与えなかった。

冬は気づかぬうちに終わり、植物園では春の気配が感じられるようになった。そこでの春は、いつもチフリス市内よりも早く始まる。冷たい風をせき止める高い石の嶺で市街地と隔てられているからだ。

春はなぜか突然にやって来た。巨大な温室が開け放たれ、大量の植物が地面へと植え替えられた。今や私は植物園で長い時間を過ごすようになっていた。この沸き立つような生命に夢中になっていた。連日、園のさまざまな部門で渦巻く生に耳を傾け、目を凝らして時を過ごした。意識をもうろうとさせるような巨大なマグノリアの花の香りが、そこにたくさん住まっている小鳥の歌やキリギリスの鳴き声と交じっている。

その夏はボルジョミ〔ジョージア南部の保養地〕で、飽きることなく郊外への遠足をくり返しながら過ごした。それはかつて私の過ごしたもっとも美しい夏だった。

内戦の時期、私の生活はこんなふうに流れた。その悪夢に満ちた時期は、私に触れることはなかった。それはどこか私の横をすり抜けてしまった。

◆次の著者は、あまりにも多くを経験したからこそ（しかも「印象、よろこび、そして不幸」という列挙の仕方には最後の単語に強調があるように読めるのだが）、それらの経験は記憶から消えてしまったと、あまり多くを語らない。直前の作文を書いた少年が、カフカスの美しさを力説したのと対照的に、この若者は「カフカスとクリミアの美しさも、コンスタンティノープルの素晴らしいパノラマも、特に私を魅了することも、しかるべき印象を与えることもなかった」と言う。

（プラハ・ロシア語ギムナジウム六年男子、一九〇四年四月三十日生まれ）

この七年の間の私の人生における数え切れないほどの経験、印象、よろこび、そして不幸——それらすべての内容の貧弱なスケッチでさえ、短い作文では読者のご高覧に供することができそうにない。いま現在、経験したことの多くが私の記憶から完全に消え去っている。それはとりもなおさず、あまりに多くのことを経験したからにほかならない。それゆえ、ここでは事件を手短かに列挙し、私の人生のとりわけ大きな出来事について、それぞれごくかいつまんで記述するにとどめざるをえない。

あれやこれやの出来事を私がどのように感じ、受けとめたかについて多くを語ろうという気にはなれないが、それでも、ペトログラード全体をとりこにした熱狂と高揚と陽気な活気も、うちの一家にとって――ということは私にとってもまったく無縁だったことは断っておく必要があるだろう。この時から、新しい何かが――生活全体を破壊し、新しいやり方で暮らしを建て直すことを強いる恐ろしく無慈悲な何かが――始まりそうな予感があった。実際、その通りになった。瞑目して故郷の町を捨て、一切れのパンを求めて何処かよそへ行くことを余儀なくした大飢饉、南ロシアを果てしなく放浪したこと、そして内戦。かつて起こった戦争の中でもっとも残酷なこの戦争に、私は十六歳の少年として遭遇したのだった。この全てのために、人生最良の歳月がカオスと化してしまった。カフカスとクリミアの美しさも、コンスタンティノープルの素晴らしいパノラマも、特に私を魅了することも、しかるべき印象を与えることもなかった。その全てを、一人で生きて行くための試練が後景に追いやっていた。当時、私たちが置かれていたのは、人びとを粗野にしてしまうような環境、感受性を干からびさせ、自然の美しさを感じとる能力を奪うような環境だった。そのあとに四年間の外国生活が続く。この歳月の間に多くの未知の場所と遭遇し、相異なる七つの国に滞在し、生活の糧を得んがためにさまざまな仕事をした。ロシアで中断した学業を再開する機会をいま得ているプラハでの滞在も、一時的な休憩だと見なさざるを得ない。大部分の亡命ロシア人にとって避けることのできない放浪の時期がふたたびやって来るにちがいない。

◆プラハのギムナジウムに通うある男子生徒は、革命後の混乱をある意味で楽しんだあとになって、「自分を以前とはまったく別の人間だと感じるようになっていた。あんなことがなければ知ることもなかった生と死、その他多くのことについて、自分なりの見方が出来上がった」(1)と苦々しく語っているのであるが、次の回想の筆者ははるかに真面目な人柄だけにその心の傷は深い。

(プラハ・ロシア語ギムナジウム五年男子、一九〇四年十一月十三日生まれ)

私のギムナジウムでの生活は静かに淡々と流れていた。私たち子供でさえ、国同士の大戦争が引き金になって起こった出来事の重大性をちゃんと認識していたので、真面目に勉強し、前線にいる父親たちの信頼に応えるように努力していた。私たちの眼差しと心は、祖国に対する義務感と愛国心によって結ばれ、共に戦っている多くのロシア人たちに、一つの海から別の海に至るまでの広い範囲で戦っているロシアの人々に向けられていた。すぐにこの戦争が終わって、私たちにとって神聖な復活祭が、参戦している民族全てにとって重大な和平とともに祝われることになると思われていた。その頃、私たちの華やかで美しい南の町は、ノボロシースク地区全体の中心地だった。春はもうその権利を主張しかけていた。アカシアが咲き初め、海は妙《たえ》なる藍色をとり戻しつつあった。私たち、幼い「予科」の生徒たちは、すでに新緑に覆われ始めていた大きな公園で狂ったようにははしゃぎ回っていた。

ロシア全土で勃発した革命の轟《とどろ》きをほとんど理解できずにいたが、それが虐げられた不幸な人々を救い、守るものとして、子供ながら心の奥底で革命を歓迎していた。この感情は、私の中で大きく強く育ってゆき、私をまるごととらえて興奮させた。エネルギッシュに雄弁に語り、真実と平和の勝利と大衆のよろこびを宣言する人々が私をよろこばせ、人民の指導者の挨拶の騒々しいきらめきや音楽が私を奮い立たせた。

しかし、私たちの古い家は暗い雰囲気に包まれ、由緒あることで知られた連隊を退役していた父は悲しげな様子だった。一方ママはとどまることなく進行していく出来事のうちに破滅的なものを感じていたのだろう、しょっちゅう溜息をついていた。実際、人々は言葉にできない緊迫感と、何か恐ろしいことが起こりそうだという予感に神経をとがらせていた、ある晴れた暖かい秋の日、可哀想な父は、かの有名な「平和に関する布告」を読み、その三日後、静かに母の名を呼びながら亡くなった。深い悲しみの喪に服す中、不信感にさいなまれつつ事の次第を注視していた私の心は、欺瞞《ぎまん》と裏切りと非人間的な悪意のもたらす恐ろしい情景に怖じ気づくことがしばしばだった。すべてが崩壊し、ロシアは、「自由な」ロシアは、破滅との境界線を足早にまたぎ越えようとしていた。

頭を割られ、両手で杖を握りしめたまま、暗い大通りの泥まじりの汚い血だまりの中に横たわっている若くて美しい女性――そのぞっとするような姿から受けたショックのため、私は「何のために」と自問せずにはいられなかった。何のために、いかなる名目で、私の可哀想なママや善良な父が、ほとんどのロシアの民衆が苦しんだのか？　ロシア人の心にあれほど親しかった三色旗が、平和と平等と自由のシンボルであることがロシア人にとって自明であった三色旗が、踏みにじられ泥まみれになっていた。何もかもが荒れ狂う疾風に翻弄され、多くのことを身を以て経験した。青年期が早く訪れ、それとともに人生を知った。

ついに荒れ狂うこの突風が私を、かつては魅惑と美しさに溢れていたクリミアへ、だが今となっては悪意に満ちた不潔なクリミアへと吹き飛ばした。四ヶ月間の前線暮らしは、私をすっかり大人に、奇妙なことに静かで落ち着き払った大人にした。もはや死が私を怯えさせることはなく、私の神経は船舶用のロープのようになったが、あの感情のために、全ての人に対する悪感情のため、何であれもっと間近に観察しようと、人生の裏側まで見通そうとするようになった。破滅的な終末が迫っていたが、目の前で起こっていることの重大性を理解していない我が軍は、依然として首のすぼんだクリミア半島の奥へ奥へと入り込んでいき、じわじわと黒海沿岸に追い詰められていった。どこに行っても、略奪と暴力の醜く忌まわしい光景が私たちにつきまとってきた。「失う物など何もない」と言われていた人々が退き、私たちの「輝かしい」理念は内戦の泥の下に葬り去られた。

ロシアと訣別した日のことは、鮮明に記憶している。しけ模様の海はざわめき、波止場には凍えたみすぼらしい人びとがたむろし、どこかから酔っ払いたちの声や遠くの銃声が聞こえ、これら全ての上空で、まるであざ笑うかのように三色旗の切れ端がはためいていた。心の中には嫌悪感と不快感しかなかった。なすべきことをなさなかったという思いが良心をさいなんでいた。私は緑色の軍用外套を着、ライフルを両肩でかつぐという不格好な姿で、水雷艇のブリッジに立っていた。視線の先にあるクリミアの海岸は次第に遠ざかり、帯のように細くなってゆく。私はロシアを後にしようと、長きにわたりロシアを離れようとしていた。苦く塩辛い涙の味を唇に感じた。「さようなら」と私は心の中で言った。「さようなら、我が愛する祖国よ、私を忠実で誠実なロシアの赤子《せきし》にした愛おしい祖国よ」。

◆美しい自然を背景に嫌悪や恐怖をもよおさせる体験が、言ってみればバランス良く配分されている文章だ。たぶんそれは書き手の性格の反映なのだろうが、それだけに背後から撃たれた時、弾丸の風を切る音に、恐怖を忘れ、ほとんど陽気な気分が生まれたという結末に、読み手は恐怖を覚えるのではないか。

(プラハ・ロシア語ギムナジウム五年男子、一九〇八年七月二十一日生まれ)

大ロシア革命を僕はクリミアで迎えた。保養地のひとつで暮らしていたのだ。当時、僕は九歳だった。赤い小旗をつけた自動車だとか、軍艦からおりて来た、騒がしく興奮した様子の水兵たちが姿を現した。これはみな光り輝くクリミアの春の太陽を背景にし、激しく単調に打ち寄せる灰色の波の音を伴奏にしていた。

当時の記憶は少ししか残っていないが、何か新しいことだという感覚、だから何かしら恐いという感覚はまざまざと覚えている。その後、兵士たちの罵りと難民たちの汚さを道連れにした、故郷ウラルへの旅。父のもとに身を寄せるために来たウファでは、すでに商店や倉庫の破壊が起こっていた。ウファで初めて間近に兵隊を知るようになった。同じ村の人や父の親戚だったので、しょっちゅう家に来ていたのだ。無知で薄汚れ、疲れ果てていて、「旧体制」「革命」「ブルジョワ」といった類いのありとあらゆるフレーズを聞きかじった連中だ。その後、青天の霹靂《へきれき》のような知らせが届いた。ペトログラードでボリシェビキが権力を掌握したというのだ。ウファのボリシェビキ派も勢いづいた。将校や社会活動家の逮捕が相次ぎ、我が家も武器がありはしないかと捜索された。家宅捜索にきたコミッサールは赤毛の大男で、僕の頭を撫で、話しかけてきたが、僕は自分でも理解できない恐怖に囚われてしまって、別の部屋に逃げ込んだ。

あれこれ噂が飛び交う中、まる一冬が過ぎた。ドン地方とクバン地方で何かが起こっているという話が聞こえてきた。誰もが何かを予期していた。春が来て、ベーラヤ川〔バシコルトスタン共和国を流れる川〕の氷が融け、公園でズアオアトリが歌うようになった。僕は近所の少年たちと親しくなり、連日彼らと遊んでいた。読書も勉強も投げ出してしまった僕は、真っ黒に日焼けし、自然だけを糧に生きるまったくの野生児と化した。僕と友人たちのいちばんの楽しみは、公園やゼベリスキーの森の奥深くまで入り込み、草の上にうつ伏せになって語り合うことだった。樹齢百年のポプラが、水面に葉影を映しながらざわめき、麗しのベーラヤ川は緑の岸辺に打ち寄せて水音を立て、粘土のにおいをさせていた。ベーラヤはこれまでずっとこうだったし、これからもずっとこのままなのだろう。しかし、革命は進行しており、傍観者にとどまることはできなかった。ある晴れた日、パパが家から姿を消した。逮捕されるだろうと警告されたのだった。だが運悪くパパは逮捕されてしまう。僕が食堂にすわって何かをしていると、突然パパが赤軍兵士たちに伴われてやって来た。お別れのためだった。人質として、ベーラヤ川を遡ってウファに連行されることになっていた。うちの界隈ですぐに逮捕されたのは二人、パパと（その後銃殺された）アウエルバッハだった。人質たちはだるま船に乗せられたが、さしあたりはその中に留め置かれていた。ママも含め、逮捕者の妻たちは、力尽きそうになりながらも、人質たちのために奔走していた。その頃までにボリシェビキに対する僕の憎悪は、異常なまでに募っていた。きちんとした身なりの紳士が通りで袋叩きにあって瀕死の状態になっているのを見たことがあった。若い娘たちにちょっかいを出していた酔っ払いの水兵の一団が、何かひと言注意した人を撃ち殺すのを見た。

その頃、友だちの間で分裂が起こった。一方はコミュニストの弟たち、もちろん彼ら自身もコミュニストだった。もう一方が少数派《メンシェビキ》だった（僕たちの間ではコミュニストでない者はみな「メンシェビキ」と呼ばれていた）。多くの議論が闘わされ、多くの非難の応酬があった。迫りつつあるチェコ軍団のこと、毎夜、市の墓地で起こっている銃殺のことを、市民たちはこそこそと言葉少なに語った。パパはベーラヤ川を遡るだるま船で連れて行かれた。パパの逮捕は僕に強烈な印象を残した。僕は泣きさえした、もちろん、泣き声は押し殺したけれど……。しかし生とは力強いものであり、自然が再び僕を全身とりこにした。連日僕は、少年たちといっしょに、ベーラヤやジョーマ

〔ベーラヤの支流〕の河畔やビジェネフエスコエの湖畔で、スカンポ（スカンポの正式名称はスイバらしい）やカラシナを採ったり、鳩をつかまえようと追いかけたりしながら過ごしていた。

　そのうちに、市内が不穏になってきた。赤軍の歩兵隊、砲兵隊、騎兵隊が不揃いな縦列を組んであちらこちらの通りを行進していた。大きな村の向こうに塹壕が掘られ始めた。僕は友だちといっしょにそこに通っては、塹壕掘りに見ほれていた。つるはしとシャベルを握ったありとあらゆる人々が大勢、何十人もの赤軍兵の叱責と冗談に駆り立てられながら、全力で働いていた。ある時偶然、飛び交う弾丸の下に出てしまったことがあった。どこかの反革命家をつかまえようと、彼の背後から銃撃を始めたのだ。僕は無事に逃れることができたが、弾丸の風を切る音が、僕に奇妙な印象を与えた。あらゆる危険が忘却され、感情の高ぶりのようなものが、ほとんど陽気な気分が生まれかけていた。

◆文学好きの女生徒なのだろう、レールモントフの詩のパロディーを折り込み、よりによってガルシンを引用している。しかし、そうした文学的な仕掛けは、心を疼《うず》かせる深刻な体験を語ることをかろうじて可能にしているのかも知れない。何より「個人的な体験があまりにも深刻なので、それについて書くのはちょっと……。とはいえ、誰も私にそれを求めているわけでもないし」という言い回しや、「おぞましいけれど興味深い時代の光景を鮮やかに描き出さなかったこと、あの頃の事実をはっきり書かなかったことは自分でも分かっている」という一節には、トラウマの深刻さと自分を突き放して見るだけの冷静さが二つながら読みとれるのではないか。

K・ボンダレンコ（モラフスカー・トシェボバー・ロシア語ギムナジウム八年女子）

この平和な環境にいてさえ――凄惨なことはみな過去のことになったように思われ、怖がるものは何もなく、逃げる必要もない今になっても（最後のことはとても重要だ）――ここ数年の恐ろしい日々の残滓が心を疼かせる。何から始めればいいのか？　どんなふうに終えればいいのか？　本当に困ってしまう。個人的な体験があまりにも深刻なので、それについて書くのはちょっと……。とはいえ、誰も私にそれを求めているわけでもないし。

かくして、革命が始まった最初の数日、私たちはロシア南部にある海辺の都市の一つにいた。ここでは労働者の集団が待望久しかった自由を、革命のスローガンが約束した自由を、復活祭のように歓迎した。この自由がどんな結果を招いたのかは言うに及ばない。誰もが知っている。しかし、しばらくは……しばらくの間は、澄み切った春の空気の中を登壇者の熱っぽい演説が響き渡っていた。彼らは労働と団結、階級の壁の粉砕などなど、完全な社会生活という高邁《こうまい》な理想を訴えていた。しばらくの間は、たくさんの美しい言葉が書きつけられた旗が――所詮は言葉でしかなかったものの書かれた旗が――ひるがえり、しばらくの間は人々が歓声を上げて新しい生活の夜明けを、明るい暮らしの春を迎えていた。ただし、その春はすぐに移ろい、ボリシェビキのテロによる血まみれの夏になって、そして……そして私たちはここにいる。

当時、私は十三歳で（ご存知の通り、あの頃の私は今よりも若く良い子だった）、ギムナジウムの三年生で、ママの翼の下に護られ、学校の授業と当時読みふけっていた面白い本のこと以外何も知らなかった。裕福というほどではなかったが、何の不足もなかった。しかしつむじ風が巻き起こり、私たちをつかまえ、いずことも分からぬ所にさらって行き、暮らし全体をひっくり返した……。私たちにどうすることができたのか？ 私たちは暴風の中の塵《ちり》？ 政治的事件の結果、家庭生活が一変した……。パパの領地は焼かれ、叔父の見事な蔵書は失われ（他のことはともかく、あそこには値段のつけられない本があったのに）、パパは退職し、ママは亡くなり、弟は幼年学校を、私はギムナジウムをやめなくてはならなかった。

私たちは、ビッテ通り沿いにある広くはないが気持ちの良いアパートから場末に引っ越すことを余儀なくされたが、そこは私たちにとって物質的な面で不慣れだったというだけでなく、精神的にもつらい場所だった。場末の住人の悪意に満ちた眼差しを私たちは夢にまで見た。彼らは私たちと同じ人間のはずだが、なぜか私たちを、自分たちのまっとうで民主的な環境に闖入《ちんにゅう》してきた「ブルジョワ《ブルジュイ》野郎」だと思い込んでいた……。私たち子どもには、こういったことはさほど感じられなかったが、叔母がなぜかよく泣いているのを見かけたし、パパや兄たちの顔は不安げだった。さらに、私には読み取りにくい表情が近しい人々の顔によく浮かんでいたのだが、当時の私は表情どころではなかった。新しい環境、不慣れな無為。多くはないが価値のあるパパの蔵書も何もかも売り払ったので（その頃はすでに全ての物の値段が信じられないスピードで上昇していた）、読むものが無くて、勉強道具も足りず、家事を手伝えるのは私と弟しかいなかった。冬、薪を割り、小さな橇に乗せ、中庭の奥に立っていた物置に楽しく運んだことは決して忘れない。全てが初めての経験で、珍しく、面白かった。ああ、黄金の子ども時代よ！　もちろん大人たちの方がはるかに大変だった。けれどもそのことはスルーだ。

その後は……その後は……疎開。その回数ときたら笑ってしまうほど。とうとうどこかの洒落好きの人が（間違いなく難民だ）、このようなことを（何と言えばいいのだろう？）……「出口なしの逃避」と見事に評してみせた。それはロシアの古典でも最良の詩の一つをもじっていた。「逃げる、だが何処へ／ひとときのことで、苦労するには当たらない。永遠に逃げるなどできるものではない」（レールモントフの詩「退屈でもあり悲しくもあり」の一節「愛する、だが誰を／ひとときのことで苦労するには当たらない。永遠に愛するなどできるものではない」のもじり）。鋭いというほどではないが、確かに本質を突いている。私たちはまさに袋小路で立ち止まって、一体いつになったら全てが終わるのかと自問する。

私は看護婦だった。長い間。とても長い間。運命がこの小さいけれど重い、とても重みのある赤い十字架を私に贈った。そのことに対して、私は運命に感謝する。私は他人の苦しみを理解することを、注意深く人に接することを、我らがロシアの忍耐強い兵士を尊重することを学んだ。彼らは従順にも、苦しみの熱い盃を最後まで飲み干したが、何という最期だったことか！　ロシア人にしかできない死に様があるのだ！　これは決まり文句でも美辞麗句でもなく（今は決まり文句どころではないし、誰がそんなものを必要としているだろう？）、ロシア人だけがそのように死ねるという確かな信念なのだ。過酷な夜の当直、大人ではあるが無力なこの人々に対する余りに重い責任、結局十六歳の少女である私の手には負えず、私は保養所に、精神科の施設に入ったが――ああ、私はまた自分のことを語っている（つまるところエゴイズムだ）。

その後まったく偶然にギムナジウムのことを知った私は、中断した教育を終えることができる、とうとう一休みできるという期待に嬉々として飛びついた。あなたは笑みを浮かべているだろうか？　そう、「一休み」する。なぜと言うに、いまここで学校の椅子に座って考えているのは、それでも自分は人生を生き延びたということなのだから。これから経験せねばならないことはみな、これまで経験したことに比べれば大したことがないように思えるのだから。しかし、恐らく私はまちがっているのだろう。

おぞましいけれど興味深い時代の光景を鮮やかに描き出さなかったこと、あの頃の事実をはっきり書かなかったことは自分でも分かっている。それでもこの数ページは、私にとって、呼吸し、生きているのであって、言うならば「赤裸々な事実」で痛みをもたらす。ガルシンの作品のどこかに、こんな言葉があったのを覚えている。「そっけない統計、死者負傷者の合計など私にとってはただの数字、ただの総計に過ぎないが、私の目には戦場の光景が、血まみれの累々たる死体の山が浮かんでくる。新聞のニュースで、死者は何人、負傷者は何人、合わせて何人と書いてあるのを読むと、この『合わせて』が、一つまた一つと積み上げられた死体がつくる果てしない道のように思われる」……。(2) 私にとっては乱雑な字で書かれ、「使い古された語句や表現で水増しされている」この汚い数ページについても、同じ事が言える。

さあ、そろそろ終わりにしよう。もうこれくらいでいいだろう。未来を覗き込むことはしない。当分しなくて良い。この「当分」が、私個人にとっては二月までの「当分」ではないかと恐れるけれど。恐ろしい日々に、一度ならずハムレットのように「生きるべきか死ぬべきか」と自問したが、その問いが今では少しずつ解決されつつあるような気がする。それはどんなふうに解決されつつあるのか？　だが、それは別の問題だ。

◆成人間近の上級生が書いた作文ともなると、過酷な体験を文学的に表現した文章も散見される。この種の作文の特徴として目立つのは、著者たちが自身の体験から距離を置くかのように、まるで自身の作文が「自叙」であることを否定するかのように、三人称による叙述を採用していることだ。

最後の作文のまるで冒険小説のような書き出しでは、書き手の視点は対象との同化を避けようとしているように見える。悲惨な体験を語るにはこうした「冷徹」とも言える叙述を採用するしかなかったというふうに、第三章で紹介した失楽園についての回想（一一八ページ参照）よりも——曖昧《あいまい》な記憶を陳腐なモチーフの型に流し込み、美文調で整形した作文よりも——もう少し複雑な心理過程を読み取ってみたくなる。

J・カリーニン（モラフスカー・トシェボバー・ロシア語ギムナジウム五年男子）

寒い。どう猛な風が吼《ほ》えている。おさまったかと思うと、また恐ろしいほどの力で顔を打つ風。心の奥底にまで吹き込み、その猛々《たけだけ》しい吠え声のために心が空っぽに、陰鬱になってゆく。あたり一面野原また野原。降りつづく秋雨のためにふくらみ、どことなく黒く、悲しげだ。私たちは街道を行軍していく。護衛隊が先頭にたち、輜重隊と兵士が続く。周囲の人々の顔はどことなく灰色で悲しげだ。私たちの幌馬車に騎馬の軍人が近づいた。彼は将官のコートを着て帽子をかぶり、その顔はみなと同じく不安そうで悲しげ……この人は私の父……そう、いつもは楽天的で陽気なのに、今は悲しげで無口な私の父だ。

なぜこうもみなもの憂げで、永遠の別れの場面のようなのか、なぜなのか？　なぜなら、私たち偉大なロシアの赤子《せきし》たちが、愛しく大切なロシアを捨てようとしているから、ロシアを、偉大で強いロシアを思う気持ちで私たちの心が締めつけられているから。私たちが祖国を捨てねばならぬのは、「赤い悪魔」の軍隊が、ロシアの守護者たちのつまらぬ自尊心を打ち負かしたから。だがいずれにせよボスポラス海峡の岸辺かどこかで、昔日からの夢を胸に温めていよう——私たちが強く愛してやまぬ聖なるルーシの威力と栄光を甦らせる夢を。

騎兵隊の馬の蹄がぴちゃぴちゃぬかるみの音を立てている、小雨が降っている。前方では、司令部の護送隊の先頭に襤褸《ぼろ》の旗が震えている。さらば、愛しき祖国よ！

船が汽笛を鳴らし、もくもくと立ち上る黒煙が渦を巻き、空中に広がっていく。くすんだ緑色の海は泡立ちながら船べりにぶつかり、揺れ動く。大気はカモメの鳴き声に満たされている。遥か後方には取り残されたような大地。それはなぜか薄暗く巨大で、特に何があるというわけでもない！なのにみな甲板に集まり、多くの眼に凍ったように流れぬ涙が浮かんでいるのはなぜか？

あの大地こそはロシア、悲しみにうちひしがれた人々はその赤子《せきし》なのだ。愛おしい疲弊しきった祖国よ！　私は君をもう二度と見ることはないのか！

航海が終わると、そこはコンスタンティノープルの海岸だった。空はますます青く、ここでも太陽はすべてを愛想よく暖めてくれる。強大なコンスタンティノープルは本当に美しい。白いミナレットが太陽に輝き、青いボスポラスは穏やかだ。トルコ人のボートが汽船を取り囲み、耳慣れぬ喧騒が聞こえ、金時計と引き換えにオレンジ十個や胸のむかむかするウーゾ〔リキュールの一種〕を買う。トルコ人たちは私たちの持っているクリミアの青い五百ルーブル札をただの紙切れだと思って、何も売ってくれない。夕方近くに船は波止場に接岸し、下船が始まった。しかし軍隊は市内に入れないので、私たちは鉄道で八百キロ先のカディム・ケイというひどい僻地に行くはめになった。

到着すると筆舌に尽くしがたいひどいぬかるみで、プラットホームにはフランス軍の小隊がいたが、そのほとんどは肌の浅黒いズアーブ兵〔アルジェリア人、チュニジア人を基本に編成されたフランスの歩兵〕だった。彼らは兵士たちから刀剣類だけを残して火器を、ライフル銃を取り上げた。私たちは駅から一キロ離れた野営地サンジャック・テネに着いた。そこには巨大なバラックが十二棟あり、一棟につき千人が入らなければならなかった。ひどい悪夢だ。やれやれ、小隊長の家族である私たちが小さな木造の家と称するものに行き着くとはありがたいことだ。こんな厳しい環境で私たちは二カ月過ごし、それからコンスタンティノープルに移った。両親は私をそこのギムナジウムに入れた。

そう、これが私の悲しい思い出のすべてだ。

注

（1） Sergej Karcevskij, ed., *Vospominanija detej-bežencev iz Rossii* (Praga: Pedagogičeskoe bjuro po delam srednej i nizšej russkoj školy za granicej, 1924), 20-21.

（2）「他人は平気で読んでいる――『我方の損害軽微、戦傷将校某々、下士官以下死者五十、負傷者百』、そしてその数の少ないのを喜びさえしているが、僕の場合は、こういう報道を読むとたんに血なまぐさい情景が眼前に浮かんでくるのだ。五十の死者に、百の負傷者――これが――軽微だというのか！」（ガルシン「臆病者」）

謝　辞

本書は天理大学学術図書出版助成を受けて刊行されました。助成なくしてこのような出版は実現しえなかったでしょう。ここに記して、永尾教昭学長をはじめとする諸先生に感謝します。

本書に挿入されている写真は、すべて戦間期チェコ亡命ロシア文化の研究者として著名なアナスタジエ・コプシーボバー（Anastazie Kopřivová）先生の収集なさったものをお借りしました。掲載をお許し下さったコプシーボバー先生、仲介の労をおとりくださったチェコ共和国国民図書館付設スラブ図書館のルカーシュ・バブカ（Lukáš Babka）館長に、この場を借りてお礼を申し述べます。

最後に、すべてのことについて諫早勇一先生と松籟社の木村さんにはどれだけ感謝しても足りません。ほんとうにありがとうございました。

訳者代表　大平陽一

【編訳者】

大平　陽一（おおひら・よういち）

一九五五年、三重県生まれ。東京外国語大学大学院修士課程修了。

現在、天理大学国際学部教授。専攻は戦間期チェコにおける亡命ロシア文化。

著書に『映画的思考の冒険』（共著、世界思想社、二〇〇六）、『再考・ロシアフォルマリズム』（共著、せりか書房、二〇一二）、『自叙の迷宮』（共編著、水声社、二〇一八）などがある。

訳書に『ロシア・アヴァンギャルド③／キノ――映像言語の創造』（共訳、国書刊行会、一九九五）など。

新井　美智代（あらい・みちよ）

一九六一年、埼玉県生まれ。奈良女子大学大学院博士課程人間文化研究科退学。

現在、同志社大学、奈良女子大学、関西大学非常勤講師。専攻は物語論。

著書に『イメージのポルカ』（共著、成文社、二〇〇八）などが、訳書に『ロシア・アヴァンギャルド③／キノ――映像言語の創造（共訳、国書刊行会、一九九五）』がある。

子どもたちの見たロシア革命
——亡命ロシアの子どもたちの文集——

2019年2月26日　初版発行　　　定価はカバーに表示しています

編訳者　大平　陽一／新井　美智代

発行者　相坂　一

発行所　松籟社（しょうらいしゃ）
〒612-0801　京都市伏見区深草正覚町1-34
電話　075-531-2878　振替　01040-3-13030
url　http://shoraisha.com/

印刷・製本　モリモト印刷株式会社
装丁　安藤紫野（こゆるぎデザイン）

Printed in Japan

 ISBN978-4-87984-374-6 C0022